기독교문서선교회 (Christian Literature Center: 약칭 CLC)는 1941년 영국 콜체스터에서 켄 아담스에 의해 시작되었으며 국제 본부는 미국 필라델피아에 있습니다. 국제 CLC는 약 650여 명의 선교사들이 59개 나라에서 180개의 서점을 운영하며 이동 도서 차량 40대를 이용하여 문서 보급에 힘쓰고 있으며 이메일 주문을 통해 130여 국으로 책을 공급하고 있는 국제적 문서선교 기관입니다.

MZ 사역자가 MZ에게 쓰는 편지 1

복음과 정서편

To all The Samaritan Women in the World
Written by the MZ Generation Ministry
Written by Ezekiel
All rights reserved.
Korean Edition Copyright ⓒ 2025 by Christian Literature Center, Seoul, Korea.

MZ 사역자가 MZ에게 쓰는 편지 1
복음과 정서편

2025년 5월 30일 초판 발행

지 은 이　| 에제키엘

편　　집　| 추미현
디 자 인　| 소신애
펴 낸 곳　| (사)기독교문서선교회
등　　록　| 제16-25호(1980. 1. 18.)
주　　소　| 서울특별시 동대문구 천호대로71길 39
전　　화　| 02-586-8761~3(본사) 031-942-8761(영업부)
팩　　스　| 02-523-0131(본사) 031-942-8763(영업부)
이 메 일　| clckor@gmail.com
홈페이지　| www.clcbook.com
송금계좌　| 기업은행 073-000308-04-020 (사)기독교문서선교회
일련번호　| 2025-45

ISBN 978-89-341-2820-5 (04230)
ISBN 978-89-341-2818-2 (세트)

이 책의 출판권은 (사)기독교문서선교회가 소유합니다.
신저작권법에 의하여 한국 내에서 보호를 받는 저작물이므로 무단 전재와 무단 복제를 금합니다.

1 복음과 정서편

MZ 사역자가 쓰는 편지
MZ에게

에제키엠 지음

TO ALL THE SAMARITAN WOMEN IN THE WORLD

CLC

프롤로그

> 예수께서 대답하여 이르시되 이 물을 마시는 자마다 다시 목마르려니와 내가 주는 물을 마시는 자는 영원히 목마르지 아니하리니 내가 주는 물은 그 속에서 영생하도록 솟아나는 샘물이 되리라 여자가 이르되 주여 그런 물을 내게 주사 목마르지도 않고 또 여기 물 길으러 오지도 않게 하옵소서 이르시되 가서 네 남편을 불러 오라 여자가 대답하여 이르되 나는 남편이 없나이다 예수께서 이르시되 네가 남편이 없다 하는 말이 옳도다 너에게 남편 다섯이 있었고 지금 있는 자도 네 남편이 아니니 네 말이 참되도다 여자가 이르되 주여 내가 보니 선지자로소이다(요 4:13-19).

예수님은 공생애 중 어느 날 사마리아에 수가라 하는 지역에 가셨다. 사막 지역인 그곳에서 따가운 햇볕을 맞으며 야곱의 우물 곁에 예수님은 앉으셨다. 아무도 물을 길으러 오지 않는 때에 사마리아의 한 여인이 물을 길으러 왔다.

그러자 예수님이 그녀에게 말씀하신다.

"나에게 물을 좀 줄 수 있겠소?"

그러자 그녀가 말했다.

"당신은 유대인인데 어떻게 사마리아 여자인 나에게 물을 달라 하십니까?"

"사실 나에게 물이 필요해서가 아니오. 진정으로 물이 필요한 사람은 당신이 아니오? 나는 당신이 영원히 목마르지 않을 수 있는 생명의 물을 줄 수 있소."

"주여, 그런 물을 내게 주셔서 목마르지도 않고 또 여기 물 길으러 오지도 않게 해 주세요."

"당신의 남편을 데려오시오."

"저는 … 남편이 없습니다 … ."

"맞소. 당신에게 남편이 없소. 지금까지 다섯 명의 남편이 있었고, 지금 있는 자조차도 당신의 목마름을 채워 줄 수 있는 남편이 아니니 당신 말이 맞소."

"주여, 당신은 살아 계신 하나님의 선지자입니다. 저는 이제 더 이상 목마르고 싶지 않습니다. 저에게 물을 주십시오. 제 목마름을, 제 갈급함과 공허함을 채워 주십시오."

요한복음 4장을 묵상하던 어느 날, 나는 이런 생각이 들었다.

'오늘날의 MZ세대야말로 진짜 예수님이 필요한 사마리아 여인이구나 ….'

요한일서 2장에서는 청년들에 대해 이렇게 말하고 있다.

> … 청년들아 내가 너희에게 쓰는 것은 너희가 악한 자를 이기었음이라 … 청년들아 내가 너희에게 쓴 것은 너희가 강하고 하나님의 말씀이 너희 안에 거하시며 너희가 흉악한 자를 이기었음이라(요일 2:13-14).

말씀은 분명하게 말한다. 청년은 강하고, 하나님의 말씀이 거하며, 악한 자를 이기었다고. 하지만, 오늘날의 청년들을 보면 말씀과는 전혀 다른 것이 실상이다. 청년은 나약하고, 세상의 것이 가득하며, 악한 자의 꾀에 속아 넘어가 무너지고 쓰러져 있는 듯하다.

청년들의 삶은 결코 쉽지 않다. 내가 만나고 섬겼던 수많은 청년의 삶을 보면 정말 괴롭다. 그들의 삶에 들어가는 순간 그들의 고통이 느껴져서 나 역시 아프다. 어떻게 도와야 할지, 어떻게 섬겨야 할지 도저히 보이지 않을 만큼 힘들다. 이들이 예수님의 제자가 될 수 있도록 인도하기에는 이들 삶의 문제, 인생의 문제가 너무 크게만 느껴진다.

이들이 이 힘든 삶을 이겨 낼 수 있는 유일한 방법은 당연히 사마리아 여인이 만났던 '예수 그리스도'를 만나는 것뿐이다. 예수 그리스도가 실제가 되는 경험을 해야 한다.

나는 MZ세대 청년들을 예수님께로 인도하고 싶다. 하지만, 이들이 진짜 남편 되시는 예수님을 만나기 전에, 이들은 이들이 전에 만났던 여섯 명의 남편을 먼저 만나야 한다. 공허를 채우고, 불안을 채우고, 아픔을 채우고, 두려움에서 벗어나기 위해 만났던 이 남편들을 만나야 하고, 이 남편들이 진정한 남편이 아님이 드러나야 한다. 예수님이 실제가 되기 위해 우리에게는 여섯 명의 남편이 가짜라는 것을 깨닫는 과정이 필요하다.

그리고 또 한 사람을 더 만나야 한다. 바로 가짜 남편을 만나기를 간절히 바랐던 '나 자신'이다. 외롭고 쓸쓸해서, 지푸라기라도 잡는 심정으로 이 남자, 저 남자를 만나며 목마름을 해소하려고 했던 나를 만나야 한다. 어떻게든 나를 채우기 위해 발버둥 쳤던 나 자신을 제대로 만나야 한다.

처음 출간한 『MZ세대 사역자가 쓴, MZ세대와 한국교회』(CLC, 2024)가 MZ세대와 한국 교회를 연결하기 위해 썼다면, 이번 책은 MZ세대와 예수님을 연결하기 위해 쓴 책이다. MZ세대와 예수님 사이를 가로막고 있는 여러 가지 상처와 아픔,

심리적, 정서적인 영역을 지나 마침내 참자유와 평안을 주시는 예수님을 만나기를 소망한다.

Chapter 1에서는 심리, 정서적인 부분을 다루었다. 우울증, 공황장애, 중독, 자기증오 등 내가 의지했던 것들이자 예수님께 나아가지 못하게 가로막고 있던 여섯 남편을 만나고자 한다.
Chapter 2에서는 나라는 인간에 대한 이해와 함께 영원한 생명수 되시는 예수님과 구원에 대해서 다루었다. 그리고 구원의 서정을 통해서 지금 나는 신앙의 어느 위치에 있는지, 나아가서 진정한 구원이 무엇인지에 대해서 다루었다.
부록에서는 여러 가지 신앙생활의 영역 중에서 MZ세대 청년들이 꼭 알았으면 하는 부분을 다루었다.

필자는 구원론에 대해서 박사학위를 취득 한 전문가가 아니다. 또한, 심리학을 전공하지도 않았고, 그렇다고 현실 문제에 빠삭한 전문가도 아니다. 그래서 각 분야의 전문가가 필자의 글을 읽을 때 부족해 보일 수 있다. 하지만, MZ세대 청년들을 조금이라도 돕기 위한 발버둥으로 생각하고 너그럽게 이해해주었으면 좋겠다.

이 책을 쓰면서 결국 우리 인간의 삶의 문제는 '영혼의 문제'임을 보게 된다. 내 영혼의 목마름을 채우기 위해, 내 인생의 만족함을 위해 살아가는 것이 인간의 삶이 아닌가 싶다. 죄로 인해 타락한 인간에게 이 문제는 결코, 결코 그 어떤 것으로도 해결할 수 없다. 오직 예수님으로만 해결할 수 있다.

이 영혼의 문제 앞에서 이 책을 읽는 모든 MZ세대 청년이 의지했던 헛된 것들과 나 자신을 뛰어넘어 예수님께로 나아가기를 소망한다. 그래서 영원히 목마르지 않는 영원한 생명수로 자기의 영혼을 가득 채우기를 기도한다.

목차

프롤로그   4

Chapter1
여섯 남편 만나기   12

1. 우울증에 빠진 MZ에게   13
2. 공황발작, 공황장애로 아파하는 MZ에게   19
3. 중독에 빠진 MZ에게   24
4. 자존감이 낮은 MZ에게   29
5. 원망과 증오, 화가 마음에 가득한 MZ에게   35
6. 시기와 질투로 고통받고 있는 MZ에게   43
7. 과거의 삶에 대해 후회하는 MZ에게   49
8. 인내심이 부족해 쉽게 포기하는 MZ에게   56
9. 스트레스에 쉽게 무너지는 MZ에게   63
10. 인간관계에 의존과 불안을 갖는 MZ에게   70

Chapter2
나 그리고 예수님 만나기   80

1. 복음이란 무엇인가?   81
2. 인간이란(나란) 어떤 존재인가?   82
3. 죄란 무엇인가?   98
4. 인간의 세 가지 상태   102
5. 삼위일체 하나님의 사역과 예수님의 십자가   107
6. 구원의 서정   116
7. 나에게 적용하는 구원의 서정   134
8. 거듭남과 칭의, 구원받는 시기와 신앙고백의 시기   141
9. 예수님을 만나는 것, 예수님이 실제가 된다는 것은?   143
10. 나의 구원의 서정   144

에필로그   152

부록. 복음과 신앙생활   156
  1. 어노인팅 증후군, 찬양에 중독된 MZ에게   156
  2. 예배는 드리지만, 공동체는 소속되길 원치 않는 MZ에게   160
  3. 교회에서 상처받아 교회를 떠나고 싶은 MZ에게   163

참고 문헌   167

Chapter 1

여섯 남편 만나기

Chapter 1에서는 내 삶에서 예수님 역할을 했던 여섯 남편, 즉 공허와 불안을 채우기 위해, 아픔과 두려움에서 벗어나기 위해 내 심리적, 정서적인 영역에서 의지했던 남편들을 만나보고자 한다.

그리고 각각의 주제에 따른 내용과 함께 테스트할 수 있게 했다. 테스트는 어디까지나 참고용이니 참고만 하길 바란다.

1. 우울증에 빠진 MZ에게

1) 우울증의 이유

"내 힘으로 통제할 수 없는 삶의 문제와 그로 인해 희망이 보이지 않기 때문입니다."

만일 누군가가 필자에게 우울의 원인에 대해 묻는다면 위와 같이 답변할 것이다.

우울증은 오늘날 많은 MZ세대 청년이 갖고 있는 감정 상태이다. 이 우울증이 생기는 원인은 여러 가지가 있지만, 대체로 우울증에 걸린 사람들은 주로 이런 말을 많이 한다.

"인생의 앞날이 보이지 않아요. 망했어요."
"내 인생이 내 뜻대로 되지 않아요."
"아무리 열심히 살아도 좋은 결과가 나타나지 않아요."
"나는 태어날 때부터 인생이 꼬였어요."
"어느 누구에게도 쉽게 마음을 털어놓을 수 없어요. 외로워요."

이처럼 우울증은 미래에 대한 걱정, 뜻대로 되지 않는 삶, 인정하고 싶지 않은 불행한 과거, 관계에서의 소외감 등 여러 가지 이유로 발생한다.

건강보험심사평가원에서 조사한 자료에 의하면 우울증으로 치료받은 20대 환자 수가 2016년 대비 2020년에 2배 이상이 늘었다고 한다. 이처럼 많은 MZ세대 청년이 우울증으로 고통받고 있다.

[우울증 테스트]

* 채점 방법
〈아니요 0점 | 가끔 1점 | 자주 3점 | 항상 5점〉

1. 최근에 무기력함을 느낀 적이 있나요?
2. 일상 활동에 흥미를 잃은 적이 있나요?
3. 에너지가 부족하고 피로를 느낀 적이 있나요?
4. 슬픔 또는 무기력으로 인해 수면 패턴이 변한 적이 있나요?
5. 자신에게 대한 자부심을 잃은 적이 있나요?
6. 사회적 활동을 피하거나 피하고 싶은 마음이 든 적이 있나요?
7. 일상생활에 대한 흥미와 즐거움을 잃은 적이 있나요?
8. 자주 무기력하거나 기분이 저하되었다고 느낀 적이 있나요?
9. 스트레스로 인해 불면증에 시달렸던 적이 있나요?
10. 긴장이나 불안감으로 인해 식욕 변화가 있었던 적이 있나요?
11. 최근에 자살이나 스스로 해를 입히는 생각이 들었나요?

* 결과 확인

0~9점 : 정상범위

10~19점 : 경미한 우울증 가능성

20~29점 : 중간 정도의 우울증 가능성

30~44점 : 상당한 우울증 가능성

45점 이상 : 심각한 우울증 가능성

2) 우울증 이겨 내기

많은 MZ세대가 우울증과 우울감 속에서 살아간다. 그렇다면 우울증에 빠진 MZ세대가 이로부터 벗어나려면 어떻게 해야 할까?

첫째, '비교하지 않고 감사하는 것'이다.

많은 사람이 비교 의식 속에 살아간다. 특별히 MZ세대에게는 비교하며 살아가는 삶이 너무나도 당연한 것이 되어 버렸다. 학창 시절부터 경쟁 속에서 서로의 능력을 비교하며 살아왔고, 대학 진학도, 직장 취업도, 결혼도 모두 다 비교의 영역이 되어 버렸다.

대학에 진학해서 대학생의 경험을 하는 것은 기쁜 일임에도 불구하고 상위권 대학에 진학하지 못하면 그것은 굴욕이 되어 버리고, 직장 취업도 하는 순간 축하받아야 할 일임에도 불구하고 급여와 조건이 좋지 않으면 부끄러운 것이 되었다.

인생에서 가장 축복받아 마땅한 결혼도 배우자의 조건이 좋지 않고 집안이 부유하지 않으면 주변 지인들을 부르지 않아야 하는 이유가 되었다. 모든 것이 다 비교로 인해 나타난 현상이다.

비교하는 순간 우리는 어떠한 상황에서도 감사와 만족의 삶을 살 수 없을 것이다. 왜냐하면, 우리 삶보다 더 나은 삶을 살아가는 사람들은 우리 주변에 언제나 있기 때문이다. 그렇기에 감사와 만족은 선택이다.

지금의 내 삶에 대해, 나의 가정에 대해 그리고 나 자신에 대해, 내 선택에 대해 내가 감사를 선택할 것이냐, 아니면 불평과 불만족을 선택할 것이냐에 따라 우리 삶에 대한 해석이 달라지고 우울감의 정도 또한 달라질 것이다.

당신의 삶은 누가 뭐라고 하든, 어떻게 해석하든 하나님이 이끌어 오신 가장 가치 있는 삶이다. 이것을 믿고, 받아들이고, 감사한다면 당신이 겪고 있는 우울증은 한결 가벼워질 것이다.

둘째, 내 삶의 주인이 예수님임을 인정하는 것이다.

먼저, 당신에게 질문하고자 한다.

당신이 우울해하는 이유는 무엇인가?

그 이유는 당신이 통제할 수 있는 문제인가, 아닌가?

우리는 이 두 가지 질문을 통해서 자기 자신의 신앙을 돌아보게 된다. 우리는 자기 인생을 자기 것이라고 생각하며 통제하려고 하는 죄성을 가지고 있다. 그리고 자기 생각과 방향대로 삶이 풀리지 않으면 쉽게 좌절하고 절망한다.

어쩌면 이렇게 인생의 문제 앞에서 좌절하고 절망하는 이유는 그것이 내 생각대로, 내 기준대로 이루어지지 않기 때문이 아닐까?

우울증의 이유는 여러 가지가 있겠지만, 만약에 당신 삶의 통제 문제 때문이라면 그것은 우울해할 것이 아니라 기도해야 하는 것이다. 우리 삶은 처음부터 내가 통제할 수도, 내 뜻대로 살아갈 수도 없다. 우리 삶의 주인은 사실 우리가 아니다. 이것을 알아야 우울증의 근본적인 문제가 해결된다.

내 삶을 통제하려는 욕구, 내 삶의 주인이 나인 것처럼 살아가는 태도는 우리를 우울증으로 인도할 것이다. 그러나 내 삶의 주인이 예수님이 된다면 우리는 우울증으로부터 한층 자유롭게 될 것이다.

우리 삶의 참된 주인은 예수님이시다. 아니 더 정확하게 말하자면 당신이 '성령으로 거듭남'을 경험한다면 당신 삶의 주인은 예수님이 될 것이다. 그리고 그 경험을 통과한다면 당신이 지금껏 경험했던 우울증과 우울감은 이전과는 비교할 수 없을 만큼 줄어들게 될 것이다.

또한, 당신 삶의 주인 되시는 예수님께서 당신을 부르셨다는 것을 안다면 삶의 통제 영역도, 미래에 대한 걱정도 결코 당신을 우울하게 할 수 없다. 왜냐하면, 부르신 분이 계획을 갖고 당신을 부르셨기에 책임도 그분이 지실 것이기 때문이다.

따라서 당신 삶의 주인은 당신이 아니다. 그리고 이것이 실제가 되려면 당신은 거듭나야 한다. 성령으로 말미암아 다시 태어나야 한다. 만약 당신이 거듭나지 않았다면 기도하라. 우리 주님은 선하신 분이시기에 반드시 당신을 거듭나게 하시고 만나 주실 것이다. 그리고 기억하길 바란다. 당신이 거듭났다면 당신을 부르신 하나님께서 반드시 당신의 삶을 책임져 주신다는 것을!

> 나는 포도나무요 너희는 가지라 그가 내 안에, 내가 그 안에 거하면 사람이 열매를 많이 맺나니 나를 떠나서는 너희가 아무 것도 할 수 없음이라 (요 15:5).

2. 공황발작, 공황장애로 아파하는 MZ에게

공황발작이나 공황장애는 요즘 청년들이 많이 겪고 있는 증상이다. 그리고 이와 함께 알아야 할 것이 불안장애다.

이에 대한 개념은 다음과 같다.

- **공황발작(Panic Attack)**: 극도의 공포심과 함께 심장이 급격히 빨리 뛰거나 가슴이 답답하고 숨이 차며 몸의 근육이 긴장하면서 떨림으로 심한 경우 정상적인 육체의 기능이 마비되는 증상.
- **공황장애(Panic Disorder)**: 공황발작이 반복되면서 심해질 경우 나타나는 죽음에 이를 것 같은 극도의 불안 증상으로 일상생활을 할 수 없는 상태가 되는 질환.
- **불안장애(Anxiety Disorder)**: 비정상적, 병적인 불안과 공포로 인하여 일상생활에 장애를 일으키는 정신 질환으로, 두통, 심장박동 증가, 호흡수 증가와 같은 신체적 증상을 초래하는 질환.

[공황 증상 테스트]

1. 심장이 두근거리고 맥박이 빨라지는 느낌이 든다.
2. 숨이 가쁘고 숨이 막힐 것 같은 느낌이 든다.
3. 질식할 것 같은 느낌이 든다.

4. 매슥거리거나 속이 불편한 느낌이 든다.
5. 손발 등 몸이 떨린다.
6. 어지럽고 휘청거리거나 실신할 것 같은 느낌이 든다.
7. 세상이 달라지거나, 내가 달라진 듯한 이질감, 비현실감이 든다.
8. 죽음에 대한 공포가 몰려든다.

* 결과 확인

위 증상 중 2~3가지 이상의 증상이 있다면 공황발작 및 공황장애를 의심해 볼 필요가 있다.

공황발작과 공황장애(이하 공황)가 오는 이유 역시 여러 가지일 것이다. 그러나 필자는 다음과 같이 정의하고자 한다.

1) 공황의 이유

'감당할 수 없을 크기의 상처가 마음에 쌓였을 때 나타나는 증상.'

필자가 경험한 공황 증상을 앓고 있는 대부분의 청년을 보면 MBTI 성향으로 보았을 때 외향형(E)보다는 내향형(I)이 많다. 내향형은 어떤 문제가 생겼을 때 그에 대한 반응을 밖으로 표출하기보다는 쌓아 두거나 삭인다. 이들은 상대방에게 원인이 있고 상대방이 잘못했음에도 자기 자신을 탓하는 경향이 있다.

그렇다 보니 그동안 살아오며 경험한 많은 문제와 그 문제들을 해석하는 방향이 자기 안으로 향하게 되고 이로 인해 자기도 모르게 자기 마음과 영혼이 피폐해지면서 어느 순간 그것이 감당하기 어려운 수준에 이르면 공황이라는 증상으로 나타나게 되는 것이다.

쉽게 말하면 다음과 같은 원리다. 우리가 음식을 할 때 냄비에 음식이 많지 않으면 아무리 끓어도 넘치지 않는다. 그러나 냄비에 음식이 가득하면 끓을 때 음식이 넘치게 된다.

이처럼 평소에는 아무리 많은 문제가 내 마음과 영혼에 가득해도 괜찮지만, 어떤 외부적 요인, 문제가 발생하면 이미 가득했던 문제들로 인해 나의 마음과 영혼이라는 내면이 감당하지 못하면서 나타나는 증상이 공황이라는 것이다.

2) 공황 이겨 내기

이들에게 필요한 것은 '표현하는 것'이다. 내면에 쌓인 감정과 생각을 표현해야 한다. 말은 영에 속한 것이다. 나의 영이 그동안 들어왔던 부정적인 말들, 상처를 줬던 말들을 가슴속에 쌓아 두지 말고, 밖으로 표출해서 나의 내면에 부정적인 감정과 생각이 쌓이지 않도록 해소해야 한다. 그렇지 않으면 이러한 감정이 부패하여 스스로를 해치게 된다.

그래서 공황 증상이 있는 사람에게 필요한 것은 친구다. 나의 마음을 들어 주고, 나의 상처에 함께 아파하고 공감해 주고,

나의 억울함에 함께 울어 주고, 나의 슬픔에 함께 슬퍼해 줄 친구가 필요하다. 이런 존재가 없을 때는 전문상담사에게 도움을 받는 것도 좋다.

중요한 것은 내 안에 가득한 부정적인 말과 생각을 뱉어 내야 한다. 그렇게 해서 나의 마음을 깨끗하게 해야 한다. 그리고 나 자신에 대해 객관적이고 올바른 인식을 가져야 한다.

그뿐만 아니라 무엇보다도 우리는 기도해야 한다. 하나님 앞에 나아가서 통곡하며 내 안에 쌓여 있는 것을 쏟아 낼 때, 회복할 수 있다. 그리고 하나님께 기도하는 교제 시간을 통해서 하나님 안에서 내가 누구이며 나를 향한 하나님의 뜻을 통해 나의 올바른 가치를 찾을 수 있다.

이렇게 진정한 카운슬러이자 친구되시는 하나님과의 교제 가운데에서 우리의 문제는 온전히 해결될 수 있다. 실제로 필자가 아는 한 작가도 공황장애를 겪다가 극복했다는 이야기를 들었다.

그는 어느 날 걷잡을 수 없는 스트레스가 오면서 공황장애 진단을 받게 되었다. 그는 일상생활을 제대로 할 수 없을 정도로 극심한 공황장애가 왔고 이로 인해 몇 년 동안 좌절과 낙담의 시간을 보냈다고 한다.

약물도 상담도 제대로 된 해결책이 되지 않았던 그는 결국 지푸라기라도 잡는 심정으로 하나님 앞에 나아갔다. 하나님 앞에서 펑펑 울며 자기 신세를 한탄하면서 오랜 시간을 기도했다. 내면에 있는 것들을 뱉어 내고, 또 하나님과의 깊은 교제를 하던 그는 어느 날 갑자기 가슴속에서 감사함이 솟구치기 시작했다고 한다.

이 절망의 상황 속에서도 함께하시는 하나님이 계시다는 것에 대한 감사함과 나의 상황을 듣고 공감해 주는 친구 되시는 하나님이 계심이 위로가 되었다고 한다. 그렇게 자신 안에 있던 죄와 상처가 하나님의 은혜로 말미암아 감사로 바뀌는 순간, 그는 언제 그랬냐는 듯 공황장애를 극복했다고 한다.

당신이 공황으로 힘들어하고 아파할 때, 하나님께서는 당신과 함께하셨고, 지금도 당신과 함께하고 계신다. 이것은 그냥 하는 선포가 아니라 사실이다. 당신을 두렵게 하고 불안하게 하는 모든 것보다 더 크신 분이 하나님이심을 기억하길 그리고 하나님 안에서 당신은 반드시 회복될 것임을 믿기를 바란다.

> 두려워하지 말라 내가 너와 함께 함이라 놀라지 말라 나는 네 하나님이 됨이라 내가 너를 굳세게 하리라 참으로 너를 도와 주리라 참으로 나의 의로운 오른손으로 너를 붙들리라(사 41:10).

3. 중독에 빠진 MZ에게

미국의 유명한 정신과 의사이자 『중독과 은혜』의 저자인 제랄드 메이(Gerald May)는 이런 말을 했다.

> 모든 사람의 95퍼센트는 무엇인가에 중독되어 있고, 나머지 5퍼센트만이 중독되어 있지 않다. 그러나 나는 그 나머지 5퍼센트를 만나 본 일이 없다.

이처럼 대부분의 사람은 술, 도박, 인터넷, 스마트폰, 성, 게임, 담배, 마약, 종교 등 여러 가지 중독에 빠져 살아가고 있다. 특히, 요즘 MZ세대 대부분의 청년이 성중독에 빠져 살아가고 있다.

[중독 테스트]

1. 나는 ○○가 없으면(하지 않으면) 불안하다.
2. 나는 ○○을 적어도 하루에 한 번 또는 일주일에 2~3번 이상은 한다.
3. 나는 스트레스를 받을 때마다 ○○을 찾는다.
4. 나는 ○○을 통해 공허감을 채운다.
5. 나는 아무리 바빠도 ○○을 하는 시간은 어떻게든 만든다.
6. 나는 다른 사람들에 비해 ○○에 대한 의존도가 높다.

7. 나는 ○○을 함으로 인해 규칙적인 삶의 패턴이 망가진다.
8. 나는 ○○에 대한 강한 충동을 느끼는 경우가 빈번하다.
9. 나는 ○○을 절제하지 못한다.
10. 나는 나 스스로가 ○○에 대해 중독되었다고 생각한다.

* 결과 확인

위 항목 중 4가지 이상이 해당하면 중독증상을 의심해 볼 필요가 있다.

필자가 생각하는 중독의 정의는 다음과 같다.

1) 중독의 정의

'영혼의 목마름을 채우기 위한 발버둥.'

내 영혼의 공허함과 메마름을 어떤 것으로도 채울 수 없어서 이 문제를 해결하기 위해 찾은 나만의 방법이 바로 중독이다. 그래서 중독은 내가 힘들거나 스트레스를 받거나 괴로울 때 의존하는 것으로, 어떤 면에서 보면 또 다른 하나님과 같은 역할을 한다. 그래서 중독은 중독에 빠진 것 자체만으로 나에게 이런 메시지를 던지고 있다.

"○○을 통해서 나는 나의 공허함의 문제를 해결할 수 있어."
"○○이 있으면 내 삶의 문제를 잊을 수 있어."

"○○을 하는 그 순간의 쾌락이 나를 위로해 줄 수 있어."

이것이 바로 중독의 본질이다. 『성중독의 굴레에서 벗어나기』라는 책을 쓴 마이크 즈눙(Mike Genung)은 20년 동안 성중독에 시달렸다. 그는 당시, 결혼한 상태였음에도 불구하고 계속된 포르노 중독과 자위행위에 빠져서 헤어 나오지 못했다고 한다. 그러던 중 1999년에 하나님의 은혜로 중독으로부터 자유케 되었다.

다음은 그의 책 『성중독의 굴레에서 벗어나기』에 쓴 내용 중 한 구절이다.

> 나의 성욕 해소라는 소중한 보물이 주인으로 내 위에 군림했다. 육체적 충동과 욕망에 자극을 받은 나는 나 자신과의 섹스에 도취되었다. 나는 원할 때 오르가즘에 도달하지 못하면 화가 났고 초조했고 우울했다. 성욕 해소는 나의 신이자 위안이요 사랑이었다. 내 경우 자위행위가 끼친 가장 가슴 아픈 악영향은 내가 자신의 섹스라는 제단을 숭배할 때마다 하나님과의 단절을 경험했다는 것이다. 나는 예수님에게 내 영혼을 가득 채워 주실 생명수가 있음을 알았지만, 그 대신 '나 자신에게서 떠 마시기'로 선택했다.

즉, 자위행위에 중독되는 이유는 다른 어느 누구에게도 사랑받을 수 없어서 내가 나를 사랑해 주는 행위라고 볼 수 있다. 그뿐만 아니라 다른 여러 가지 중독 문제도 결국 비슷한 원리를 갖고 있다. 마약과 술, 게임과 담배 등 여러 가지 중독은 결국 그것을 통해서 내가 나를 위로하고 나에게 쾌락을 주는 행위다.

중독에 빠진 사람들은 대부분 이런 말을 한다.

"나는 어느 누구에게도 사랑받지 못하는 것 같다."
"나는 어느 누구에게도 용납 받지 못할 존재다."
"어느 누구도 내 공허함을 채우는 데 충분하지 못하다."

이런 생각이 있다 보니 결국 나라도 나를 사랑해 주려고 하는 행위가 바로 중독이라는 잘못된 행위를 통해 나에게 주는 쾌락으로 나타나는 것이다.
그렇다면 이 중독의 문제는 어떻게 하면 해결할 수 있는가?

2) 중독 이겨 내기

중독의 문제는 끊어야 해결할 수 있는 것이 아니다. 바로 채워져야만 해결되는 문제다.
당신은 채움 받아야 한다!
당신은 자신을 사랑하는 것이 아니라 사랑받아야 한다. 당신은 창조될 때부터 이미 사랑받아야 살아갈 수 있는 존재로 창조되었다. 그렇기에 당신에게는 사랑이 필요하다.

사랑에는 두 가지 유형이 있다. 하나는 하나님의 사랑, 다른 하나는 인간의 사랑이다. 둘 중 한 가지만 있어서 되는 것이 아니다. 둘 다 필요하다. 당신은 두 사랑을 모두 받아야 한다.

당신이 아직도 하나님의 사랑이 무엇인지 잘 모르겠는가?

하나님이 당신을 사랑하신다는 것이 잘 믿어지지 않는가?

그렇다면 기도해야 한다. 하나님께 십자가의 사랑이 나에게도 실제가 되게 해 달라고, 구원이 내 삶에도 실제가 되게 해 달라고 기도해야 한다. 이것이 실제가 될 때 당신은 온전한 하나님의 사랑을 느끼고 경험할 수 있을 것이다.

그리고 당신에게 누군가의 사랑이 필요하다면 도움을 요청하라. 사랑이 필요하다고 말하라. 결코 이상하지 않다. 당신에게 사랑과 도움, 배려, 위로, 관심이 필요하고, 인정받고 싶다고, 칭찬받고 싶다고, 도와 달라고 말해야 한다.

인간은 누구나 서로 사랑하며 그 사랑을 통해 하나님의 사랑을 경험할 수 있기 때문이다. 그렇게 하나님의 사랑과 인간의 사랑으로 채워질 때, 당신의 목마름을 채워 줄 거라고 생각했던 중독의 문제로부터 조금씩 자유케 될 것을 확신한다.

> 유월절 전에 예수께서 자기가 세상을 떠나 아버지께로 돌아가실 때가 이른 줄 아시고 세상에 있는 자기 사람들을 사랑하시되 끝까지 사랑하시니라 (요 13:1).

4. 자존감이 낮은 MZ에게

MZ세대의 삶을 쉽게 요약하자면 '어릴 적부터 경쟁 속에서 살아온 경주마'라고 할 수 있다. 교육이라는 이름 아래서 사실은 초등학생 때부터 지적 경쟁을 해 왔던 이들은 중학교 진학도, 고등학교 진학도, 대학교 진학도 모두 다 경쟁 과정을 통해서 자신을 증명해야 하는 삶을 살아왔다. 그래서 이들에게는 자신의 능력을 증명하는 것이 삶의 목적이자 이유처럼 보이기도 한다.

이렇게 경쟁 체제 속에 살아가면 두 가지 방향으로 나아가게 된다. 하나는 열심주의, 성공주의로 빠져서 자신의 성공을 향해 발버둥 치는 것이고, 다른 하나는 성공의 가능성이 보이지 않아서 향락주의와 패배주의로 빠지는 경우다(『MZ세대 사역자가 쓴, MZ세대와 한국교회』(CLC, 2024. 참고).

이 둘은 큰 차이가 있는 것처럼 보이지만, 사실은 둘 다 똑같은 결과를 가져온다. 열심주의와 성공주의는 어느 순간 자신이 없고 결과와 성취라는 것만 남게 된 것을 보고 허무주의로 빠지고, 향락주의와 패배주의 또한 무가치한 자신의 모습을 보며 삶의 의미를 찾지 못한다며 허무주의로 빠진다.

결국, 이 땅에서의 경쟁은 인간을 허무주의로 빠지게 만드는 결과를 낳는다. 그래서 우리는 경쟁 속에서 나의 가치를 찾는 것이 아니라 하나님과의 관계 속에서 나의 가치를 찾아야 한다.

[자존감 테스트]

* 채점 방법

〈전혀 아니다 1점 | 대체로 그렇다 2점 | 그런 편이다 3점 | 매우 그렇다 4점〉

1. 나는 다른 사람들만큼 가치 있는 사람이다.
2. 나는 별 어려움 없이 내 마음을 결정할 수 있다.
3. 나는 장점을 많이 가지고 있다.
4. 나는 다른 사람들만큼 일해 나갈 수 있다.
5. 나는 행복한 사람이다.
6. 나는 나 자신을 잘 안다.
7. 나는 쉽게 포기하지 않는다.
8. 나를 좋아하는 사람이 많다.
9. 나는 스스로에 대해 긍정적인 태도를 보인다.
10. 나는 현재 내가 하는 일에 만족한다.

* 결과 확인

10~19점 : 자존감 낮음

20~29점 : 자존감 보통

30점 이상 : 건강함

자신에 대한 가치는 결국 자존감으로 연결되게 된다. 여기서 중요한 것 한 가지만 짚고 넘어가려고 한다. 바로 자존감과 자존심의 차이다.

자존감은 '내가 나를 가치 있게 여기는 감정'이라면, 자존심은 '남에게 굽히지 않고 자신의 품위를 스스로 지키는 마음, 타인과의 비교 가운데서 오는 나에 대한 감정'이다. 즉, 자존감은 주체가 '나'라면, 자존심은 주체가 '타인'이라는 차이점이 있다.

자존감은 나를 향해 스스로 가치를 매기는 감정이지만, 그럼에도 자존감이 형성되는 것은 타인과의 관계 또는 경험을 통해서 형성된다. 그래서 자존감은 '타인으로부터 온 영향을 통해 나를 해석한 정의'이고, 자존심은 '타인으로부터 온 영향의 결과이자 반응'이라는 차이점이 있다.

- **자존감**: 자신을 사랑하고 존중하는 마음
- **자존심**: 나를 향해 타인이 매긴 가치에 대한 반응

자존감은 그래서 매우 중요한 것이다. 내가 나를 향해 가치를 매기고 나를 향해 반응할 수 있는 나에 대한 정의이기 때문이다. 그러나 앞에서 말한 바와 같이 어릴 적부터 치열한 경쟁 시스템 속에서 살아온 MZ세대는 경험을 통해 형성된 자신에 대한 정의가 긍정적이기보다는 부정적인 경우가 더 많다. 경쟁 시스템 속에서는 상위권이 아닌 이상 결코 긍정적인 해석을 하기 어렵기 때문에 당연한 결과다.

필자는 자존감 형성이 어릴 적의 경험과 자신을 향한 타인의 행동을 통해서 형성된다고 본다. 그래서 자존감이 낮은 사

람에 대해서는 이렇게 설명하고 싶다.

1) 자존감이 낮은 이유 정의

'어릴 적부터 칭찬과 사랑과 인정을 받지 못했거나, 성취보다 실패의 경험이 많을 때 자존감은 낮아진다.'

자존감이 낮은 사람은 자신을 미워하거나, 자신을 증명하기 위해 힘쓴다. 자신을 미워하는 사람은 자기 삶에 책임을 지고 주체적으로 살아가기보다는 포기하고 방관한 채 살아간다. 자신이 무가치하다고 여기기 때문이다.

간혹 TV에서 집 안에 몇 톤의 쓰레기를 쌓아 놓은 채 살아가는 사람들의 모습을 본다. 사람은 쓰레기 더미 속에서 생활할 수 없는데도 그렇게 살아가는 이유는 자신이 쓰레기처럼 무가치하다고 여기기 때문인지도 모른다.

그리고 자신을 증명하려는 사람은 열심히 살아간다. 아니 더 정확하게는 열심을 넘어서 과도하게 무리하며 살아간다. 자기 영혼과 몸은 신경 쓰지 않고 어떻게든 결과를 나타내기 위해, 어떻게든 자신의 성장을 통해 더 높이 올라가고 경쟁에서 이기기 위해 부단히 노력한다. 이런 사람은 번아웃을 경험하거나 건강을 해친다.

특히, 번아웃되는 청년을 많이 보는데 그들 내면의 숨겨진 동기를 보면 결국에는 낮은 자존감으로 인해 자신을 증명하고

자 하는 욕구가 있는 것을 볼 수 있다.

2) 낮은 자존감 이겨 내기

자존감의 문제를 해결하려면 자기 자신을 사랑하고, 자랑스럽게 생각해야 한다. 이것은 내가 이룬 성과를 통해 얻는 칭찬과 사랑이 아니라 나의 존재 자체에 대한 사랑과 인정을 통해서 가능하다.

중독의 문제처럼 결국 하나님의 사랑과 다른 사람의 사랑이 필요하다. 당신은 인정과 칭찬이 필요하다. 그러나 이것은 어떤 결과를 통해서 얻는 것이 아니다. 당신 존재 자체에 대한 칭찬과 인정, 사랑이 필요하다.

그런데 놀라운 사실은 당신의 어떠함과 상관없이 하나님께서는 당신을 받아들이셨다는 것이다. 태초부터 당신이 지금 이 순간에 자존감 문제로 자신을 증명하려고 애를 쓰거나 자신을 미워하며 포기할 줄 아셨음에도 불구하고 당신을 사랑하겠다고 하나님께서 작정하셨다는 것이다.

이것이 실제가 되지 않고 받아들여지지 않는가?

그렇지만 사실이다. 하나님은 당신을 사랑하고 계시고, 더 중요한 것은 당신 또한 하나님을 사랑한다는 것이다. 당신도 하나님을 사랑한다. 그렇다면 당신이 받아들여지지 않고 믿어지지 않는 것에 초점을 두기보다는 당신이 사랑하는 하나님이 하신 말씀을 믿는 것에 당신의 믿음을 써야 한다.

다시 한번 말하지만, 하나님은 당신을 정말 사랑하신다!

지금의 당신이 이렇게 엉망이 될 것을 아셨음에도 이미 태초부터 당신을 사랑하겠다고 작정하셨다. 그래서 당신을 부르셨고, 당신이 이렇게나 많은 죄를 지을 줄 아셨음에도 당신을 구원하겠다고 예정하셨다.

당신이 주변 사람들에게 상상할 수도 없을 만큼의 악한 짓을 저지르고, 당신의 삶에서 어느 누구에게도 말할 수 없는 죄를 지을 수 있다는 것을 아셨음에도 예수님의 생명보다 당신 한 사람의 생명을 더 가치 있게 여기셔서 예수님을 십자가에 못 박으신 분이 하나님이시다.

당신은 그만큼 가치 있고 귀중한 존재다. 당신이 믿어야 할 것, 당신이 받아들여야 할 것은 바로 하나님의 사랑이다. 믿음으로 받아들여야 한다. 자신을 미워하지도, 자신을 증명하려 하지 않아도 될 만큼 당신은 하나님께 가치 있고 사랑받는 존재임을 기억하기를 바란다.

> 하나님이 우리를 구원하사 거룩하신 소명으로 부르심은 우리의 행위대로 하심이 아니요 오직 자기의 뜻과 영원 전부터 그리스도 예수 안에서 우리에게 주신 은혜대로 하심이라(딤후 1:9).

5. 원망과 증오, 화가 마음에 가득한 MZ에게

요즘 들어 심심찮게 뉴스에 나오는 내용 중 하나가 '묻지 마 범죄'다. '묻지 마 범죄'는 피해자가 어떤 행동을 해서라기보다 가해자가 이미 마음속에 쌓여 있는 원망과 증오, 화가 불쾌한 자극에 대해 갑자기 트리거(총의 방아쇠를 뜻하는 사격 용어로 어느 특정한 동작에 반응해 자동으로 필요한 동작을 실행하는 것)처럼 나타나 저지르는 범죄다.

실제로 '묻지 마 범죄'의 대부분은 두 가지 특징을 가지는데 하나는 피의자와 피해자가 아무런 상관관계가 없다는 것이고 다른 하나는 범죄 자체가 이유 없이 행해진다는 점이다.

일면식도 없는 자에게 성폭행을 한다거나 폭력과 살인을 저지른다거나 하는 행위들은 이유 없이, 불특정 다수를 향해서 벌어진다. 물론, 이렇게 하는 데에는 여러 가지 이유가 있겠지만, 많은 전문가가 이에 대해 '사회적 스트레스가 높아지면서 생긴 병리 현상'이라고 정의한다.

[화병 테스트]

* 채점 방법

〈전혀 아니다 0점 | 그렇지 않다 1점 | 보통이다 2점 | 그렇다 3점 | 매우 그렇다 4점〉

1. 내 삶은 불행한 편이다.

2. 한스러워지는 때가 있다.

3. 내 인생이 서글프다고 느낀다.

4. 나는 서러움을 느낀다.

5. 나는 억울하게 느낀다.

6. 나는 신경이 아주 약해져서 마음을 가눌 수 없다.

7. 나는 손발이 떨리고 안절부절못한다.

8. 나는 나 자신에게 실망할 때가 많다.

9. 얼굴에 열이 자주 달아오른다.

10. 가슴속에 열이 차 있는 것을 자주 느낀다.

11. 무언가 아래(다리 또는 배)에서 위(가슴이나 얼굴/머리)로 치미는 것을 자주 느낀다.

12. 화가 나면 손이 저리거나 떨린다.

13. 소화가 잘 안 되고 체하는 편이다.

14. 몹시 피곤하다.

15. 세상이 불공평하다고 느낀다.

---

* 결과 확인

0~20점 : 화가 많지 않은 상태

21~40점 : 화가 있지만, 일상생활에 큰 문제가 없는 상태

41~60점 : 화가 매우 많아 일상생활에 지장이 있는 상태

원망과 증오, 화라는 것은 사실 다 외부적인 자극과 영향으로 인해 내 안에 있는 감정이다. 특히, 과거에 경험했던 좋지 않은 기억, 부정적인 사건, 무시당하거나 공격받았던 기억, 상처가 된 기억들로 인해서 나타난다.

문제는 이것들이 계속해서 내 마음속에 남아 있고 머릿속에 맴돌면서 나를 공격한다는 것이다. 그리고 이 공격성은 사소하거나 관련이 없는 대상에게도 갑자기 난폭하고 위험하게 표출되기도 한다.

 그래서 원망과 증오, 화에 대해서 이렇게 정의를 내릴 수 있다.

1) 원망과 증오, 화에 대한 정의

> '원망과 증오, 화는 복수의 칼날을 갈고 있지만, 그 칼이 나를 찌르고 있는 상태.'

 이렇게 원망, 증오, 화가 가득하면 우선은 모든 문제에 대한 해석이 지금의 나를 이렇게 만든 그 대상을 향하게 만든다. 분명 영향이 있을 수는 있지만, 관계가 전혀 없을 때도 원망의 대상이 모든 책임을 뒤집어쓰게 된다. 그래서 어떤 상황과 사건에 대해서 해석할 때 객관적이고 올바른 해석을 할 수 없다. 나의 실수나 잘못은 없고, 모든 상황이 기승전-원망의 대상으로 책임이 귀결된다.

 그뿐만 아니라 원망과 증오, 화가 가득한 사람은 발전적인 방향으로 삶이 나아가지 못한 채 계속해서 그 자리에 머무른다. 과거의 그 사건, 그 사람 그리고 그 사람과 함께 있는 그때의 나와 계속해서 같이 있는 것이다.

입에서는 계속해서 그 사건과 사람에 대한 비판과 저주가 나오고, 그 사람에 대한 원망이 핵심 감정이 되어 버린다. 그래서 지금 이 순간도, 미래의 소망도 내 삶의 중요한 것이 되지 못한다. 원망의 대상을 향해 칼을 들고 있지만, 결국에는 그 칼이 계속해서 나를 찌르게 되는 것이다.

특히, 요즘 MZ세대들을 만나 보면 부모와의 관계가 좋지 않고, 부모님을 원망하는 이가 많다.

"내가 좋은 부모님을 만났다면 지금과 같은 삶은 살지 않았을 텐데 …."
"나는 부모님 때문에 인생이 망했어요."

이렇게 말하는 친구가 한둘이 아니다. 부모님과의 관계가 깨어진 자녀들은 마땅히 안전한 보호자가 되어 주어야 할 부모가 그렇게 해 주지 못했기에 원망과 증오라는 감정을 더 크게 갖는다.

그렇다면 나에게 상처를 준 사람도, 부모도 어떻게 해야 지금의 이 원망과 증오의 감옥에서 나도 상대방도 풀어줄 수 있는가?

2) 원망과 증오, 화 이겨 내기

방법은 이해를 통한 용서다. 그동안에 있었던 나 중심적 사건을 나에게 상처를 준 상대를 이해하면서 재해석한다면 그를 용서할 수 있다.

용서는 당신이 원망과 증오, 화로부터 해방되기 위해 꼭 필요한 것이다. 그 사람을 용서해야 한다. 쉽지 않겠지만, 이 방법 말고는 다른 어떤 방법도 온전한 방법이 아니다.

그리고 이 모든 것은 하나님께서 은혜를 부어 주심으로 인해서만 가능하다. 하나님께서 조명해 주시고 계시해 주셔야 가능한 일이다.

'은혜 – 이해 – 사건의 재해석 – 용서'

필자 또한 과거에 부모님으로부터 받은 상처로 인해 10여 년을 우울증에 빠져서 살았고, 원망과 증오 속에 살았다.

필자의 어릴 적 꿈은 가수였다. 고등학교 2학년이 되던 때에 '가수의 꿈을 지금 도전하지 않으면 안 되겠다'라는 생각이 들어 학교를 1년간 휴학했다.

이후 전국을 돌아다니며 가수의 꿈을 이루기 위해 각종 가요제에 나가기도 하고 음반을 발매할 기회가 주어지기도 했으나, 1년쯤 되었을 때 나는 그 꿈을 포기했다.

이유는 좋은 결과를 보여 주지 못한 것도 있지만, 부모님의 지지가 없었기 때문이다. 재정적, 정서적으로 지지를 받지 못한 채 보낸 1년은 꿈을 향해 달려가고 있었지만, 괴로운 시간이었다.

원치 않게 꿈을 포기하고 다시 학교로 돌아간 나는 마음속에 부모님을 향한 원망과 증오, 화가 가득했다. 이 문제가 해결되지 않은 채로 나는 대학에 진학했고, 부모님과 떨어져 살면서 심리적으로도 부모님에게서 독립하고 싶은 마음이 더 커졌다. 이렇게 부모님과 나 사이에는 더욱더 정서적인 거리감이 커졌되었다.

예수님을 만난 후, 이 문제를 해결하기 위해 나는 발버둥을 쳤다. 상담도 받아 보고, 드라마 치료도 받았으며, 각종 서적을 읽으며 이 문제를 다루려고 했다. 그러나 그러면 그럴수록 원망은 더 커져만 갔다.

"왜 나의 부모는 다른 부모들처럼 나를 사랑하고 지지해 주지 않지?"

그럼에도 이 문제가 해결되지 않으면 내 인생 전체가 계속해서 이 부분에 발목 잡힌 채로 살아갈 것 같았기에 발버둥을 쳤다. 어느 날 온누리교회에서 하는 〈내적치유학교〉라는 프로그램에 참여하게 됐고, 이곳에서 하나님께서는 나의 부모님을 이해할 수 있도록 계시해 주셨다.

'열등감의 대물림.'

이 일곱 글자로 나는 부모님을 이해하게 되었다. 생각해 보니 부모님의 삶도 너무 힘들고 아팠다. 두 분 모두 대학도 나오지 못한 채 스무 살이 될 무렵부터 포항이라는 생소한 도시에서 일을 하여 돈을 버셨다.

지금 나의 아버지는 한 중소기업의 사장 자리까지 오르셨다. 말단 직원에서 시작해서 사장 자리까지 오르신 칭찬받기 합당하신 분이다. 나의 어머니는 하지 않은 일이 없을 만큼 많은 일을 하시며 가정을 일궈 내셨고, 문구점을 30년가량 운영하셨다. 현재는 웃음치료사를 하시며 경로당에 계신 노인분들을 섬기고 계시다.

두 분은 지금의 자리에 오르시기까지 수많은 무시를 당하셨다. 특히, 아버지는 3~40명의 동료 직원 중에 본인만 대학을 나오지 않은 회사에서 실수라도 하게 되면 직장 상사로부터 "대학을 안 나와서 이런 실수하는 거 아니냐?"라고 무시를 당하셨다. 그 과정을 묵묵히 참고 결국에는 사장의 자리까지 오르신 것이다.

그래서인지 부모님은 나에게 항상 "공부해라, 성공해라, 취업해라, 돈 많이 벌어라"라는 말씀을 하셨고 이것이 나에게는 '내 꿈도 지지해 주지 않았으면서 요구하고 시키는 것만 많다'라는 생각과 함께 거리감을 느끼게 했다.

그러나 하나님의 은혜로 '열등감의 대물림'이라는 글자를 떠올리게 된 순간, 부모님이 이해되면서 용서하게 되었다. 더 정확하게는 그동안의 모든 일이 재해석되면서 부모님을 용서

하는 것을 넘어서 안아 줄 수 있게 되었다. 왜냐하면, 나의 부모님도 할아버지, 할머니로부터 똑같은 대우를 받으며 살아온 피해자이셨기 때문이다.

당신도 원망과 증오, 화를 쏟아붓고 싶은 대상이 있는가?

그렇다면 은혜를 받아야 한다. 재해석과 함께 용서하는 큰 은혜를 받을 수 있길 간절히 바란다. 그래서 당신을 지금까지 묶어 놓았던 존재는 다름 아닌 나 자신이라는 것을 깨닫고 쇠창살 속 한 사람을 놓아주기를 바란다.

> 그러므로 우리는 긍휼하심을 받고 때를 따라 돕는 은혜를 얻기 위하여 은혜의 보좌 앞에 담대히 나아갈 것이니라(히 4:16).

6. 시기와 질투로 고통받고 있는 MZ에게

시기와 질투는 앞에서 다룬 감정들에 비해 크게 여겨지지 않을 수도 있겠지만, 성경 내용을 보면 시기와 질투가 엄청난 결과를 가져온 것을 알 수 있다.

하나님께서 아벨의 제사는 받으시고 가인의 제사는 받지 않음으로 인해 아벨을 죽인 가인, 하나님께서 모세하고만 이야기하시는 것 때문에 모세를 질투했던 미리암과 아론, "사울은 천천이요 다윗은 만만이로다"라고 말하는 백성의 노랫소리에 화가 나 다윗을 죽이려 했던 사울, 많은 사람이 예수님을 따르는 것이 못마땅해 예수님을 십자가에 못 박은 제사장과 유대인들, 이들은 모두 시기와 질투 때문에 죄를 범하게 된 것이다.

따라서 시기와 질투는 반드시 다루어져야 한다.

[질투심 테스트]

* 채점 방법

〈완전 아니다 0점 | 아니다 1점 | 그저 그렇다 2점 | 맞다 3점 | 완전 맞다 4점〉

1. 나는 더 좋은 환경에서 태어났으면 지금처럼 인생이 꼬이지 않았을 것이다.
2. 나는 비록 자랑할 게 많지 않지만, 적어도 1~2가지는 남들보다 훨씬 뛰어나다.
3. 다른 사람들에게 잘 보이기 위해 나는 거짓말을 한 적이 있다.

4. 다른 사람들이 자랑할 때 나는 인정하기보다 나의 자랑거리를 찾는다.
5. '사돈이 땅을 사면 배가 아프다'는 속담에 나는 공감한다.
6. 나는 타인의 장점보다 단점이 더 많이 보인다.
7. 나는 타인을 칭찬하기보다 비난을 더 많이 한다.
8. 나는 많은 사람 속에 있을 때 다른 사람보다 내가 주인공이 되어야 한다고 생각한다.
9. 나에게 없는 것을 가진 다른 누군가를 볼 때, 나는 도전받기보다 그 사람이 안 되기를 바란다.
10. 내 주변에는 나보다 잘난 사람이 많지 않다.
11. 누군가의 조언을 들으면 인정하기보다 반박하고 싶다.
12. 내 경쟁자는 '나'가 아니라 '다른 사람'이다.
13. 나는 상대적 박탈감을 많이 느낀다.
14. 나는 내가 질투심이 많다고 생각한다.
15. 나는 다른 사람이 잘되는 것을 위해 나를 희생하고 싶지 않다.

* 결과 확인
0~20점 : 질투를 거의 하지 않음
21~40점 : 질투심이 꽤 있음
41~60점 : 질투심이 매우 많음

시기와 질투는 다음과 같이 몇 가지 특징을 가진다.

첫째, 대상이 내 주변 사람이다. 그래서 속담에 "사촌이 땅을 사면 배가 아프다"라는 말이 있을 정도다. 멀리 있는 사람들이 아니라 나와 직접적으로 부딪치며 비교 대상이 되는 자들이 시기와 질투의 대상이다.

둘째, 내가 그 사람보다 더 잘되는 것이 아니라 그 사람이 나보다 잘 안되는 것을 원한다. 그래서 시기와 질투를 가진 사람은 그 사람이 잘 풀리지 않고, 문제가 생겨서 나보다 평가절하되는 것에 더 큰 가치를 두고 기뻐한다. 내가 열심히 하는 것보다 그가 망하는 것이 더 중요한 것이다.

결국, 시기와 질투는 나도 죽고, 질투의 대상도 죽는다는 것이다. 시기와 질투로 인한 행동으로 둘 다 잘되지 못한다. 이것이 시기와 질투의 특징이자 결과이다.

필자는 시기와 질투에 대해서 다음과 같이 정의하고 싶다.

1) 시기와 질투에 대한 정의

'인정과 칭찬이라는 왕관을 빼앗기고 싶지 않아 두려워하는 상태.'

특히, 여성들 사이에서 시기와 질투라는 감정은 더 빈번히 일어나는 것을 본다. 그래서 '여자의 적은 여자다'라는 말까지 있다. 실제로 최근 들어 SNS에 더 민감하고 자주 사용하는 여성들이 '상대적 박탈감'을 느끼는 것을 자주 본다.

SNS를 통해서 내 주변 지인들을 볼 때, 그들은 너무 행복하게 사는 것 같고 멋진 남성을 만나서 편하게 살아가는 것 같은 생각이 들 때 "나는 뭐지? 내 인생은 왜 이렇지?"라고 하며 자기 인생은 망했다고 생각하여 삶 전체를 부정하는 경우도 심심찮게 본다.

이는 여성들뿐만 아니라 예수님을 믿는 교회 안에서도 허다하다. 실제로 필자가 아는 지인은 자신이 속한 교회에서 시기와 질투로 인해 너무 힘들어하고 있다는 이야기를 전하기도 했다. 사역자들 사이에서도 '누가 더 설교를 잘하고, 누가 더 찬양을 잘하는지, 누가 더 사역을 잘해서 담임목사님께 칭찬받고 성도들에게 사랑받는지'에 대한 것으로 인해 시기와 질투를 하는 사역자들이 있다는 이야기를 들었다.

그렇다면 어떻게 해야 이 시기와 질투의 문제를 해결할 수 있는가?

2) 시기와 질투 이겨 내기

> '은사와 부르심에 집중할 때 시기와 질투의 감정에서 벗어날 수 있다.'

시기와 질투라는 감정은 어떤 면에서 보면 타락한 죄인에게 나타나는 죄의 모양이다. 하나님께서 각자를 향한 부르심과 방향이 모두 다른데 시기와 질투를 한다는 것은 마치 하나님께 이렇게 말하는 것과 같다.

"하나님, 왜 저를 이렇게 부족하게 만드셨나요? 저도 저 사람처럼 이것도 잘하고 저것도 잘하게 만들어 주셨어야죠!"

우리는 각자가 다 다르다. 어떤 사람도 완벽한 사람이 없고, 모든 것을 나보다 다 잘하는 사람도 없다. 우리는 스스로에게 이런 질문을 해야 한다.

'내가 잘하는 것은 무엇인가?'
'나의 장점은 무엇인가?'
'나는 무엇을 할 때 칭찬받는가?'

이런 질문들을 스스로에게 하면서 나 자신을 바라볼 수 있어야 한다. 그리고 이것을 통해서 하나님께서 그려 주신 나만의 삶의 지도를 찾아야 한다.

사람과 사람 사이에서의 비교가 아니라 하나님의 부르심 앞에서 부르심에 합당하게 나아가고 있는가, 아닌가의 관점이 생기면, 시기와 질투는 눈 녹듯 사라질 것이다. 그리고 나아가 부르신 하나님의 마음을 시원하게 해드리고자 하는 마음으로 최선을 다해 자기 삶을 살아가게 될 것이다.

또한, 부르심의 관점에서 살아간다면 시기가 아니라 도전받는 삶을 살게 될 것이다. 시기와 질투가 타인을 부정적인 방향으로 끌고 간다면 도전은 나를 긍정적인 방향으로 끌고 간다. 그리스도인은 시기와 질투가 아니라 도전받는 자이다. 그리고 이렇게 도전과 도전을 넘어서며 나아갈 때 당신은 후회하심이 없는 하나님의 부르심 앞에 합당한 모습으로 살아가게 될 것이다.

> 하나님의 은사와 부르심에는 후회하심이 없느니라(롬 11:29).

7. 과거의 삶에 대해 후회하는 MZ에게

필자는 현재까지 세 곳의 교회에서 사역을 했다. 각 교회에서 청소년, 청년, 장년 사역을 섬겨 왔고, 청년일 때는 새가족을 담당하며 이들과 함께 라이프 스토리를 나누기도 하는 등 다양한 세대를 아우르며 섬겨 왔다.

그런데 놀라운 사실은 깊은 삶을 나누다 보면 모든 세대가 자기 삶에서의 선택이나 행동을 후회하는 내용을 나눈다는 것이다. 이는 장년 세대에서 더 많을 것처럼 보이지만, 실제로 필자가 사역을 하면서 느낀 것은 청년 세대가 가장 많이 후회에 대해서 이야기하는 것을 보았다.

청년들을 상담해 보면 대체로 크게 세 가지 정도의 영역에서 후회하고 있었다.

첫째, 관계 문제다. 특히, 친구 관계(연인 관계 등)에서 잘못된 선택으로 인해 관계가 깨어지게 된 일이나 반대로 주변 친구들을 향한 눈치로 인해서 자신답게 살지 못한 것에 대한 후회가 많았다.

둘째, 학업 문제다. 좀 더 열심히 공부하지 않아 좋은 학교에 진학하지 못했거나, 내가 원하는 대학과 학과에 가기 위한 선택을 하지 못한 것 등이다.

셋째, 도전해 보지 못한 것에 대한 후회다. 꿈꾸는 것, 하고 싶은 것이 있었는데도 정규교육 과정을 해야 한다는 이유 때문에, 또는 집안 상황이나 여건 때문에 도전하지 못한 것을 후회하는 경우가 많았다.

[후회 지수 테스트]

* 채점 방법
〈완전 맞다 0점 | 맞다 1점 | 보통이다 2점 | 아니다 3점 | 완전 아니다 4점〉

1. 다른 부모가 아닌 지금의 부모를 만나서 나는 지금 행복한 삶을 살고 있다.
2. 지금의 내 직업 또는 진로에 대해 나는 만족한다.
3. 지금까지 내가 한 연애는 내 인생에 큰 도움이 되었다.
4. 내가 만난 친구들은 지금의 내가 되기까지 긍정적인 영향을 주었다.
5. 만약 내가 오늘 세상을 떠난다면 나는 아쉬움이 없을 것 같다.
6. 인생에서 행복했던 기억이 불행했던 기억보다 더 많다고 생각한다.
7. 나는 하고 싶은 일을 지금도 충분히 선택할 수 있는 나이라고 생각한다.
8. 나는 남들보다 더 수준 높은 교육과 혜택을 받고 자랐다고 생각한다.
9. 내 인생에서 내가 한 선택 중 가장 후회되는 선택은 세 가지 이하이다.
10. 내가 선택했던 결정으로 인해 현재 힘든 삶을 살아가고 있다고 생각한 적이 없다.
11. 과거로 돌아갈 수 있다고 해도, 나는 지금의 삶이 더 좋다

12. 술이나 마약처럼 나의 몸과 영혼에 해로운 것으로 내 삶을 허비한 적이 없다.
13. 지금의 내 인간관계에 대해서 나는 만족한다.
14. 현재까지의 내 인생에 대해 나는 80점 이상을 줄 것 같다.
15. 나는 내 인생을 돌아봤을 때 후회함이 없다.

* 결과 확인
0~20점: 후회함이 거의 없는 상태
21~40점: 후회함이 어느 정도는 있는 상태
41~60점: 후회함이 매우 큰 상태

누군가가 후회에 대해서 정의하라고 한다면 필자는 이렇게 정의하고 싶다.

1) 후회에 대한 정의

'지금껏 최선을 다해 살아온 나를 부정할 수 있는 최고의 방법.'

많은 청년이 후회 속에 살고 있다. 후회에는 세 가지 특징이 있다.

첫째, 나를 부정하게 만든다. 지금까지 모든 상황과 감정 등을 고려해서 최선의 선택을 하려 했던 나 자신에 대해서 후회는 부정하게 만든다. 그래서 한숨과 식은 열정으로 자기 삶을 살아가게 만든다.

둘째, 과거에 얽매여 있기에 현재를 부정하게 만든다. 지금의 내 삶이 결코 행복하지 못한 삶이라고 생각한다. 아무리 좋은 일이 있어도 그리고 아무리 더 나은 인생이 보여도 '그때 그 선택을 했더라면…, 그때 그 사람을 만났더라면…' 하고 현재와 오늘을 가치 있게 받아들이지 않는다.

셋째, 나의 기도를 들으시며 선택의 순간에 함께했던 하나님도 부정하게 만든다. 당신은 선택의 순간에 기도했을 것이다. 그리고 충분히 여러 가지를 고려해서 가장 합리적이고 합당한 최선의 선택을 했을 것이다. 또한, 그 순간에 하나님께서 당신의 곁에서 최선의 선택을 하도록 함께 이끌어 오셨다.

이는 예레미야 29장 11절에서도 말씀하고 있다.

> 여호와의 말씀이니라 너희를 향한 나의 생각을 내가 아나니 평안이요 재앙이 아니니라 너희에게 미래와 희망을 주는 것이니라(렘 29:11).

그럼에도 후회를 하면 하나님이 함께하셨던 것도 하나님이 나의 기도를 들어주셨던 것도 부정하게 된다. 그래서 하나님과의 관계마저도 소원해지고 나아가서는 '하나님이 정말 계신가?' 하는 근본적인 질문까지 하며 하나님을 부정하는 결과를 초래하기도 한다. 이처럼 후회는 나도, 현재도, 하나님도 부정하게 만드는 강력한 힘을 가졌다.

특히, 사탄은 후회를 통해서 그리스도인들을 공격하는데, 성경에서도 보면 자기 선택에 대한 후회로 인해 좌절하고 하나님을 멀리하는 사람들이 있다. 대표적인 예로 예수님을 세 번 부인한 뒤에 다시 물고기나 잡으러 가겠다고 말했던 베드로다. 그는 자신이 세 번이나 예수님을 부인하고 그로 인해 자기 자신을 부정하며 예수님을 섬기지 않기로 하고 후회했다.

다윗도 밧세바를 범하는 죄를 저지른 후 후회했다. 그리고 말년에 인구 조사를 하는 실수를 저지른 후에 그는 하나님 앞에서 후회하며 '주의 손으로 나와 내 아버지의 집을 치소서'라며 후회하는 모습을 보였다.

당신도 후회 속에서 살고 있지는 않는가?

2) 후회 이겨 내기

그렇다면 당신에게 가장 필요한 것은 '하나님을 향한 믿음'이다. 하나님께서는 선하시고, 당신의 아버지 되시며, 당신을 가장 최선의 길로 인도해 오셨고, 인도하고 계시며, 인도해 가실 것이다. 이것을 믿어야 한다. 당신이 해야 할 것은 바로 당신을 인도하시는 '하나님의 선하심을 믿는 것'이다.

당신은 반드시 이 믿음 통해 당신 삶의 아버지 되시며 가장 선한 길로 인도하시는 하나님을 따라야 한다.

혹시 선뜻 믿어지지 않는가?

그렇다면 지금까지 나의 삶에 역사하셨고, 인도해 오신 하나님을 묵상하길 바란다. 그러다 보면 내가 그때 선택하지 못한 선택으로 말미암아 지금의 내가 있을 수 있음에 감사를 고백할 수 있을 것이다. 그렇게 할 때에 당신은 자기 자신도, 현재도, 오늘도 받아들이고 용납할 수 있을 것이다.

필자가 아는 한 선교사님은 얼마 전 사랑하는 자녀를 먼저 하나님께로 보내는 안타까운 사건을 경험했다. 이로 인해 그는 제대로 된 선교사역을 할 수 없었고, 자녀를 지키지 못했다는 죄책감으로 날마다 후회 속에 살았다. 정말 삶의 의미를 찾기가 어려웠고, 날마다 죽고 싶은 마음만 가득한 채 삶을 방치한 듯이 살아갔다고 한다.

그러나 그 슬프고 아픈 마음을 가지고 하나님 앞에 나아갔을 때, 하나님께서는 성경 말씀을 통해 위로하시며 하나님의 뜻을 알게 하셨다고 한다.

> … 한 알의 밀이 땅에 떨어져 죽지 아니하면 한 알 그대로 있고 죽으면 많은 열매를 맺느니라(요 12:24).

> 참새 두 마리가 한 앗사리온에 팔리지 않느냐 그러나 너희 아버지께서 허락하지 아니하시면 그 하나도 땅에 떨어지지 아니하리라 (마 10:29).

그렇게 성경 말씀을 통해 그의 자녀가 중동 지역의 밀알이 되어 부흥의 씨앗이 될 것이라는 믿음을 주셨고 이것이 인간의 눈으로 보기에는 사고일지 모르나 하나님의 뜻 가운데 선하게 이루어진 일임을 믿게 되면서, 자녀를 지키지 못했다는 죄책감과 후회 속에서 벗어나게 되었다고 한다.

당신이 하는 모든 후회, 그보다 더 크신 분이 하나님이시다. 그리고 그 크신 하나님은 선하신 하나님이시다. 이 선하신 하나님을 믿고 신뢰함으로 후회 안에서 내 삶을 부정하는 삶이 아니라 그리스도 안에서 믿음으로 살아가는 당신이 되기를 바란다.

> 모든 일을 그의 뜻의 결정대로 일하시는 이의 계획을 따라 우리가 예정을 입어 그 안에서 기업이 되었으니 이는 우리가 그리스도 안에서 전부터 바라던 그의 영광의 찬송이 되게 하심이라(엡 1:11-12).

8. 인내심이 부족해 쉽게 포기하는 MZ에게

2024년 7월에 발표된 한 기사에 따르면, 일을 하지 않으면서 구직 활동도 하지 않는 대졸자가 400만 명을 넘는다. 그리고 이들 중에서 청년층(15~39세)에서 "일할 의지가 없고 그냥 쉬었다"라고 답변한 '청년 백수'는 44만 명이 넘는다.

이들이 구직 활동을 하지 않고 쉬는 이유는 원하는 임금 수준이나 근로 조건에 맞는 일자리가 없기 때문이다. 그러나 보이는 것 이면에 있는 보이지 않는 또 다른 이유가 있다.

몇 년 전부터 MZ세대 사이에 유행하는 단어가 있다. "존버"라는 용어다. 이는 '오랜 시간을 버티는 것'을 의미하는 것으로 요즘 청년들에게 있어서 인내하고 버티는 것이 화두가 될 정도로 쉽지 않은 일이 되었다. 그래서 너무 많은 MZ세대 청년이 쉽게 포기하고 좌절하는 것을 본다.

그뿐만 아니라 MZ세대 청년들 사이에서 자주 보이는 모습이 '잦은 이직'이다. 약 1년 전에 나온 기사에 따르면 MZ세대의 이직률은 무려 45.5퍼센트나 되고, 이들의 평균 재직 기간은 2.8년 정도이며 이들 중에서 37.5퍼센트는 입사 후 1년 안에 이직을 결심한다고 한다.

[인내심 테스트]

* 채점 방법

〈전혀 아니다 1점 | 약간 그렇다 2점 | 어느 정도 그렇다 3점 | 상당히 그렇다 4점 | 매우 그렇다 5점〉

1. 내가 원하는 것을 얻을 수 있는 것은 내가 열심히 노력했기 때문이다
2. 나는 일이 마무리되기 전에 절대 그만두지 않는다.
3. 나는 열심히 일하는 사람이다.
4. 나는 일을 할 때 결코 딴 짓 하지 않는다.
5. 나는 중간에 어려움이 있더라도 시작한 일을 끝까지 마친다.
6. 시간이 많이 들어가는 어려운 과제를 수행해야 할 경우, 나는 인내심을 가지고 끈기 있게 그 일을 잘 완수해 내는 편이다.
7. 주변 사람들과 비교했을 때 나는 인내심이 상대적으로 더 있는 편이다.
8. 나는 어떤 한 가지 분야에 호기심을 갖게 되면 그것을 해결할 때까지 관심을 둔다.
9. 나는 단기간에 끝내는 프로젝트보다 몇 개월 또는 몇 년의 시간을 투자해야 하는 프로젝트를 진행할 때 더 강점을 보인다.
10. 나는 단순, 집중, 반복해서 해야 하는 일을 할 때 큰 어려움을 느끼지 않는다.

* 결과 확인

1~20점 : 인내심이 매우 부족한 편, 인내심을 연습할 필요가 있음

21~35점 : 어느 정도의 인내심이 있음

36~50점 : 인내심이 매우 강함. 인내심이 장점인 사람

그렇다면 왜 MZ세대는 유독 이렇게 쉽게 포기하고 좌절할까? 필자는 이렇게 정의하고 싶다.

1) 인내심이 부족한 이유

'사랑(희생과 헌신)이 식어진 세대의 개인주의적 특징으로 인해 나타나는 필연적인 현상.'

이것은 결코 MZ세대가 사랑이 없다고 탓하는 것도 아니고, 개인주의적 특징을 나무라는 것도 아니다. 이들이 이렇게 되어야겠다고 생각해서 된 것이 아니기에 이것은 결코 MZ세대 청년들의 탓으로 돌릴 수 없다. 시대가 이렇게 이 세대를 만들었고, 이 세대가 이 현상에 속해서 살기에 어쩔 수 없는 모습이다.

이들에게 있어서 사랑과 희생과 헌신은 먼 이야기다. 과거 기성세대에게는 희생이 당연했다. 더 정확하게는 이들 세대의 가치관이 희생의 가치관이었다. 국가가 부강하지 못할 때 자신을 희생해서 국가를 부강하게 만들고, 회사가 어려울 때 함께 힘을 합해서 회사를 일으키고, 대의를 위해서라면 자신을 버리는 것이 그 시대의 가치관이었다.

시대적 흐름에 따른 가치관을 보자면 1960년대에는 반공의 가치관이 핵심이었다. 그래서 "신고하면 상금 타고 안 하면 벌받는다"와 같은 표어가 있기도 했다. 1970년대에는 산업화와 함께 새마을 운동이 나타났다. 그래서 '잘 살아보세'와 같이 국가 부흥이 핵심 가치였다.

1980년대에는 민주화를 향한 가치관이 핵심이었고, 1990년대에는 대중문화 발전과 함께 다양한 문화 향유 및 포스트모더니즘의 가치가 주를 이뤘다. 2000년대에는 1990년대 말 IMF 구제 금융으로 인해 경제에 대한 가치가 주를 이뤘고, 2010년대에는 스마트폰과 함께 개인주의적 가치가 급격히 강해졌다.

오늘날의 2020년대는 코로나를 겪으며 초개인주의적 현상이 주를 이루고 있다. 시대는 점점 국가와 민족이라는 개념에서 개인 중심으로 가치관이 변화되었다.

이런 변화로 인해 오늘날 MZ세대에게 있어서 대의를 위한 희생이나 가치를 위한 헌신, 공동체에 대한 인식 등은 상대적으로 당연히 약할 수밖에 없다. 이들의 가치는 개인이 가장 중요하기 때문이다. 그래서 내가 힘들거나, 내가 불편하거나, 내가 원하지 않는 일들을 하게 될 경우에 이들은 당연히 포기하는 것이 올바른 선택처럼 보인다. MZ세대가 잘하는 말인 "이걸요? 제가요? 왜요?"라는 말은 이런 배경 속에서 보아야 이해될 수 있다.

그런데 이렇게 개인주의로 인해 쉽게 포기하는 모습뿐만 아니라 좌절하는 모습도 나타난다. 무엇 하나를 해도 제대로 된 실력을 갖추기까지는 시간이 필요하다. 그런데 대부분 임계점을 넘기까지 꾸준하게 무엇을 하지 못하고 중간에 포기하기에 제대로 된 결과를 갖지 못하는 것이다.

실제로 필자가 섬기는 청년 중 30대가 채 되기도 전에 직업을 세 개 이상 가졌던 청년이 한둘이 아니다. 빨리 도전해서 빨리 포기하며 자신에게 적합한 적성을 찾는 것이라면 당연히 이해할 수 있지만, 조금 해 보니 힘들고 어려워서 포기하는 경우가 더 많았다. 이것은 인내의 문제다.

2) 포기 극복하기

그렇다면 어떻게 포기와 좌절을 극복할 수 있을까?

방법은 앞에서 내린 정의에서 찾을 수 있다. 바로 사랑하는 것이다. 이것 말고는 방법이 없다.

만약 당신에게 사랑하는 사람이 있고, 자녀가 있다면 지금 하고 있는 일을 쉽게 포기할 수 있는가?

사랑하는 이들을 살리기 위해서라면 결코 포기하지 않고 어떻게든 자신을 희생해서 이들을 살리려고 할 것이다.

그뿐만 아니라 당신이 속한 공동체 또는 회사에 당신이 품은 영혼이 있다면 쉽게 회사를 관둘 수 있겠는가?

결코 그럴 수 없다. 오히려 믿음과 사랑이 충만한 그리스도인은 믿음으로 기도하고, 사랑으로 섬겨서 공동체를 변화시키려고 할 것이다. 그래서 사랑만이 쉽게 포기하고 좌절하는 당신의 삶의 굴레를 끊어 낼 수 있다. 사랑하는 자는 포기하지 않고 책임진다. 그리고 사랑하는 자는 좌절하기보다 방법을 찾아 돌파하려 한다. 이 세대, MZ세대에게 필요한 사람은 이처럼 사랑으로 책임지고 돌파하는 사람이다.

마지막으로 필자가 존경하는 한 목사님의 이야기를 하고자 한다. 이 목사님은 매일 똑같이 새벽 4시 반, 5시에 일어나 새벽기도를 하고, 기도 이후에는 성경 말씀을 읽고, 독서를 하고, 그렇게 점심 전까지 오전 시간 전부를 하나님과 말씀 읽기 그리고 설교 준비에 집중한다.

매일 똑같이 새벽에 일어나는 것도 쉽지 않은데 이런 삶을 30여 년 동안 하고 계신다는 것에 더 놀랐다. 목사님은 매일 이렇게 자기 자신을 일으켜 공부하고 연구하며 주님의 뜻을 많은 성도에게 전하기 위해 자신을 헌신했다. 도대체 어디에서 이런 인내와 능력이 나오는지 궁금했지만, 이내 목사님의 설교를 통해서 알 수 있었다.

목사님이 항상 하셨던 말이 있다.

> 여러분, 저는 교회를 너무 사랑합니다. 예수님께서 핏값으로 사신 교회이기에 저 또한 그 교회를 제 목숨 다해 사랑합니다.

이것이 바로 그 목사님이 매일의 삶을 최선을 다해 인내하며 살아갈 수 있었던 능력의 비결이었다. 이 글을 읽는 모든 MZ세대가 사랑의 능력으로 모든 포기와 좌절을 이겨 내고 승리하기를 소망한다.

사랑은 오래 참고 사랑은 온유하며 시기하지 아니하며 사랑은 자랑하지 아니하며 교만하지 아니하며 … 모든 것을 참으며 모든 것을 믿으며 모든 것을 바라며 모든 것을 견디느니라(고전 13:4, 7).

9. 스트레스에 쉽게 무너지는 MZ에게

흔히 모든 심리적, 신체적 질병의 근원을 스트레스라고 한다. 실제로 많은 질병이 스트레스에 취약해서 나타난다고 하는데 대표적으로 과민대장증후군, 소화불량, 암, 당뇨병, 두통, 뇌졸중, 심근경색, 감기 등등이 있다.

그뿐만 아니라 스트레스가 극심하게 되면 몸은 물론이고 마음의 질병도 나타난다. 앞에서 다루었던 우울증, 공황, 중독 등도 나타나고 무기력증, 불안, 짜증, 집중력 저하 등의 현상도 유발한다.

이처럼 스트레스는 우리 일상에서 자주 느끼는 현상이지만, 너무나도 끔찍한 결과를 가져오기에 반드시 다루어야 하고 또 다루는 방법을 배워야 한다.

[스트레스 테스트]

* 채점 방법
〈완전 맞다 4점 | 맞다 3점 | 보통이다 2점 | 아니다 1점 | 완전 아니다 0점〉

1. 아침에 눈 뜨는 게 두려운 적이 있다.
2. 잠을 잘 못 들거나 깊은 잠을 못 자고 자주 잠에서 깬다.
3. 늘 쫓기는 느낌이 든다.
4. 식욕이 없어 잘 안 먹거나 갑자기 폭식한다.
5. 매사에 집중이 안 되고 일의 능률이 떨어진다.

6. 기억력이 나빠져 잘 잊어버린다.

7. 만사가 귀찮고 피로감을 자주 느낀다.

8. 말과 행동이 거칠어졌다.

9. 느닷없이 화가 치밀어 오르는 때가 있다.

10. 내 일이 지겹게 느껴진다.

11. 생각이 많아 일이 늦어진다.

12. 쉽게 부끄러워하고 반응에 몹시 민감하다.

13. 내 의지와는 전혀 상관없는 일을 한 적이 있다.

14. 아무런 이유 없이 나를 괴롭히는 사람이 있다.

15. 시간 약속 때문에 압박감을 느껴 본 적이 있다.

* 결과 확인

0~20점 : 스트레스를 거의 느끼지 않는 상태

21~40점 : 스트레스가 약간 있으며 예방책이 필요한 상태

41~60점 : 스트레스가 매우 심해 적극적 도움이 필요한 상태

당신이 스트레스를 받는 이유는 무엇인가?

그리고 스트레스를 받을 때 어떻게 해결하는가?

필자는 스트레스와 스트레스를 받는 이유를 다음과 같이 정의 내리고 싶다.

1) 스트레스에 대한 정의

'어떤 사건이나 자극에 의해 심리적, 신체적 긴장이 나타나는 것으로 육신의 소욕으로 말미암아 죄의 문을 여는 열쇠.'

스트레스는 심리적, 신체적인 변화를 초래한다. 그래서 마음이 아프거나 몸이 아프다. 그런데 이때 우리는 이 스트레스로 말미암아 쉽게 마음의 성벽을 허물어 버린다. 그동안 지켜 왔던 것들을 지키지 못하거나, 쌓아 왔던 공든 탑, 결단함이 무너지는 것을 자주 보게 된다.

사실 앞에서 다루었던 심리적, 정서적 문제가 여러 가지 이유로 나타나지만, 스트레스라는 심리적으로 취약한 상태에서 발생하게 되는 것을 보게 된다.

사건 또는 자극 ⇨ 스트레스 ⇨ 각종 질병 또는 죄

그래서 스트레스를 다루는 것은 어쩌면 우리 그리스도인들에게는 특히 더 중요한 것이라 볼 수 있다. 우리는 언제나 스트레스를 관리해서 육신의 정욕으로 말미암아 죄의 유혹에 넘어져서 죄를 짓는 일을 범하지 말아야 한다.

근신하라 깨어라 너희 대적 마귀가 우는 사자 같이 두루 다니며 삼킬 자를 찾나니(벧전 5:8).

2) 스트레스 이겨 내기

그렇다면 어떻게 스트레스를 관리할 수 있는가?
우리가 스트레스를 다루는 방법은 크게 네 가지 정도로 분류할 수 있다.

첫째, 육신의 정욕을 채우는 방법이다.
이는 우리 그리스도인들이 선택할 수 있는 방법은 아니다. 예를 들면, 스트레스를 받을 때 술, 담배, 게임, 성적인 욕구를 채우는 것 등이다. 이 중에는 죄라고 분류하기에는 어려운 것들도 있지만, 죄를 짓도록 인도하는 것들도 포함된다. 이 방법은 결국 사탄의 권세 아래, 죄의 권세 아래 눌려 살아가는 존재가 되는 방법이다.

둘째, 육신의 정욕이 작동하지 않도록 하는 방법이다.
예를 들면, 운동을 하거나, 맛있는 음식 먹기, 잠자기 등이다. 육신의 정욕이 올라와서 죄로 인도하려고 하지만, 운동과 음식, 잠을 통해 육신의 정욕을 줄이거나 잊는 방법이다.

이는 결코 비성경적인 방법이 아니라 성경적 방법이다. 엘리야가 갈멜산 전투에서 승리했음에도 불구하고 오히려 이세벨은 더 강하게 저항하며 엘리야를 죽이려 했다. 그러자 엘리야가 로뎀나무 아래에 앉아서 죽기를 구하다가 잠이 들었을 때 천사가 그를 깨워 "일어나서 먹으라"라고 하며 구운 떡과 물 한 병을 주었다.

이것을 먹고 마신 엘리야는 다시 힘을 내어 사십 주야를 걸어 호렙산으로 간다. 엘리야가 이세벨로 인해 극도의 스트레스를 받았을 때 그 역시 자고, 먹고, 마시고, 걸었다. 이는 육신의 정욕이 작동하지 않고, 잊고, 해소할 수 있는 적합한 방법이다.

셋째, 내 안의 부정적 감정을 뱉어 냄(표현함)으로 해결하는 방법이다.

실제로 MBTI 중에서 감정형(F)에 속하는 사람들은 자기가 느낀 감정을 표현함으로써 해결한다. 자신에게 있었던 일을 말함으로써 더 이상 내 안에 있는 부정적인 감정과 생각이 나를 얽매지 않도록 하는 방법이다.

이는 앞에서 공황에 빠진 사람들에게 제시한 방법과도 같다. 스트레스로 내 안에 문제를 일으키지 않도록 하려면 부정적인 감정과 생각이 쌓이지 않도록 표현하는 것이 필요하다.

MBTI에서 논리형(T)인 사람들은 혼자만의 시간을 통해서 해결한다. 더 정확하게는 논리적으로 생각하는 자기 자신과의 대화를 통해서 해결한다고 볼 수 있다. 자신과의 대화를 통해서 무엇은 내가 감수해야 하는 부분이고, 무엇은 타인의 영향으로 인해서 발생한 것인지를 분별하는 객관적 시각을 가짐으로 해결하는 방법이다. 이 역시도 매우 좋은 방법이고 성경적인 방법이다.

넷째, 하나님께 맡기는 방법이다.

가장 본질적인 방법이면서 동시에 가장 자유할 수 있는 방법이다.

> 너희 염려를 다 주께 맡기라 이는 그가 너희를 돌보심이라(벧전 5:7).

주님께서 우리를 돌보신다. 우리 하나님은 이신론(理神論)과 같이 인간을 창조하신 후에 저기 멀리서 우리의 삶에 관여하지 않으며 지켜만 보고 계신 분이 결코 아니다. 우리 삶을 지켜보시며 동시에 우리 안에서 성령으로 함께하시는 분이 바로 우리의 하나님이시다.

그래서 우리의 문제와 스트레스를 받는 모든 상황을 주님께 맡기고 아뢸 때 우리의 본질적인 문제가 해결된다. 왜냐하면, 맡기는 과정을 통해서 스트레스를 받았던 그 사건에 대해서 하나님 안에서 재해석할 수 있고, 나아가서는 그 상황과 사건을 다루시는 하나님으로 말미암아 스트레스에서 자유롭게 된다.

다루시는 것이 상황이 될 수도 있고, 나의 마음과 생각일 수도 있다. 중요한 것은 우리가 그분께 맡길 때 그분이 책임져 주신다는 것이다. 그래서 맡기는 방법이 스트레스를 해소하는 가장 본질적인 방법이다. 앞에서 말한 모든 방법은 다 일시적인 방법이다. 그러나 주님께 맡기는 방법이야말로 가장 본질적인 해결 방법이다. 모든 것이 그분께 속했기에 그분께 맡겨야 한다.

혹시 당신이 지금 스트레스에 갇혀 있는가?

먹고 마시고 움직여라. 그리고 소통하라. 그러나 가장 본질적인 방법인 하나님께 맡겨라. 내가 지고 있던 모든 짐을 주님께서 짊어지실 때 당신은 스트레스로부터 자유롭게 되고 자신을 지키게 될 것이다.

> 아무것도 염려하지 말고 다만 모든 일에 기도와 간구로, 너희 구할 것을 감사함으로 하나님께 아뢰라 그리하면 모든 지각에 뛰어난 하나님의 평강이 그리스도 예수 안에서 너희 마음과 생각을 지키시리라 (빌 4:6-7).

10. 인간관계에 의존과 불안을 갖는 MZ에게

『트렌드 코리아 2024』라는 책에서 2024년도 10대 키워드를 제시했다. 그중에서도 '분초 사회', '육각형 인간', '디토 소비'라는 개념은 오늘날 사회가 얼마나 불안과 두려움에 살고 있는지를 단적으로 나타내는 정의라고 볼 수 있다.

- **분초 사회**: 돈보다 시간이 더욱 중요한 자원으로 여겨지는 현대 사회의 특징으로, 시간이라는 자원을 어떻게 활용하고 소비하는지에 대한 새로운 상식을 의미. '시간의 가성비'를 중시하는 경향.
- **육각형 인간**: 외모, 학력, 자산, 직업, 집안, 성격, 특기 등 모든 측면에서 흠이 없는 인간상을 선호하는 경향. '초완벽 인간'이라고도 표현함.
- **디토 소비**: 디토는 '나도'라는 뜻으로, 구매 의사 결정에 따르는 복잡한 과정을 모두 생략하고 특정 인물의 콘텐츠 커머스를 추종해 '나도', 하고 구매하는 소비 현상.

이처럼 시간을 허비하지 않으며, 모든 것에 완벽을 추구하며, 타인의 선택에서 안정을 찾으려고 하는 모습은 모두 다 불안과 두려움을 이겨 내기 위한 모습이라고 볼 수 있다.

사실 오늘날의 이 사회를 보면 모두가 다 불안과 두려움 속에서 살아가고 있다. 어떻게든 살기 위해, 어떻게든 죽음과 고통의 상황을 회피하기 위해 안간힘을 쓰고 있다.

그렇다면 불안과 두려움은 어디에서 기인하는가?

성경은 죄와 사망으로부터 두려움이 생겼다고 말하고 있다.

> 그러므로 한 사람으로 말미암아 죄가 세상에 들어오고 죄로 말미암아 사망이 들어왔나니 이와 같이 모든 사람이 죄를 지었으므로 사망이 모든 사람에게 이르렀느니라(롬 5:12).

그렇다면 여기서 알아볼 것이 있다.

성경에서 말하는 죄는 무엇이고 사망은 무엇인가?

죄는 '의'의 반대말로 '내가 내 인생에 주인이 된 상태'를 말한다. 하나님이 없는 삶, 하나님보다 높아진 자아의 상태가 바로 죄인의 상태다.

이렇게 죄가 우리를 주장할 때 우리는 '생명'이 아니라 '사망'의 그늘 아래 살게 된다. 즉, 죄로 말미암아 하나님과의 관계가 깨어진 상태가 바로 사망이다. 따라서 죄로 인해 사망이 들어온 인간은 전적으로 생명을 잃어버린 자로서 죽음의 두려움 아래에서 살게 된다.

그래서 인간은 모두 다 죄와 사망의 권세 아래에서 두려움을 느끼며 살아간다. 불안과 두려움은 그래서 모두 '하나님과 깨어진 관계'로 말미암아 나타나는 현상이다. 그러나 하나님과의 관계가 회복되면 우리에게는 두려워하는 마음이 아니라 평안이 찾아온다.

> 평안을 너희에게 끼치노니 곧 나의 평안을 너희에게 주노라 내가 너희에게 주는 것은 세상이 주는 것과 같지 아니하니라 너희는 마음에 근심하지도 말고 두려워하지도 말라(요 14:27).

결국, 모든 불안과 두려움의 근본적인 원인은 '하나님과의 관계가 깨어짐'에서 오는 것이고, 그로 말미암은 생명 없음, 사망에 대한 두려움이 우리가 느끼는 본질적인 불안과 두려움이다.

핵심은 관계다!

우리 인간은 관계 속에서 생명을 얻고, 관계 속에서 기쁨을 얻는다. 그래서 관계의 깨어짐은 불안과 두려움을 만들고, 관계의 회복은 안정과 평안, 생명을 준다.

[의존성 성격장애 테스트]

1. 다른 사람으로부터 받은 조언이나 확신 없이 스스로 결정을 내리지 못함
2. 자신의 생활 전반에 대해 책임져 줄 다른 사람이 필요함
3. 주변 사람들의 지지나 동의를 잃는 것이 두려워 반대 의사를 표현하지 못함
4. 자신의 능력이나 판단에 대해 확신이 없어 어떤 일을 스스로 시작하는 데 어려움이 있음
5. 불쾌한 일일지라도 다른 사람의 지지를 얻기 위해 그 일에 자원하기도 함

6. 스스로 자신을 돌볼 수 없을 것 같은 두려움 때문에 혼자 있으면 불편하고 무력해짐
7. 자신을 돌봐 주고 지지해 주던 사람과 헤어지면 돌봄을 받기 위해 급히 다른 사람을 만나야 함
8. 항상 자신을 돌봐야 하는 상황에 부닥칠 수 있다는 두려움에 집착함

* 결과 확인

위 항목 중 5개 이상 항목에 해당할 경우 의존성 성격장애일 가능성이 있다.

따라서 우리가 삶에서 느끼는 불안과 두려움에 대해서 다음과 같이 정의를 내리고자 한다.

1) 불안과 두려움에 대한 정의

'통제할 수 없는 인생의 문제 앞에서 의지할 수 있는 관계, 대상이 필요한 상태.'

어린아이들이 아프거나 문제가 생기면 어떻게 하는가?

"엄마~" 하면서 부모를 찾는다. 자기 고통의 문제, 삶의 문제를 해결할 수 없을 때, 의지할 수 있고 위로받을 수 있는 부모라는 대상을 찾는다. 이것이 인간의 본능이다.

마찬가지로 우리는 모두 통제할 수 없는 삶의 문제를 직면할 때 이를 해결할 수 있는 존재, 이 문제에서 벗어날 수 있도록 해 줄 존재를 찾는다. 즉, 불안과 두려움은 하나님이라는 완전한 존재와의 관계 안에서만 해결할 수 있다. 오직 하나님만이 마르지 않는 생명수이시다.

- **죄**: 하나님과의 관계 깨어짐 – 사망 – 두려움
- **의**: 하나님과의 관계 회복 – 생명 – 평안과 기쁨

그뿐만 아니라 인간관계도 하나님과의 관계만큼 중요하다. 인간은 사회적 존재이고, 하나님은 우리 인간이 서로 사랑하는 관계 속에서 지내도록 창조하셨기 때문이다.

인간관계도 하나님과의 관계와 비슷하다. 하나님과의 관계가 깨어지면 생명을 잃듯이, 인간관계도 깨어지면 생명을 잃은 것처럼 삶의 평안과 기쁨을 앗아 간다. 본질적인 불안과 두려움이 하나님과의 관계의 깨어짐에서 오는 것이라면, 실질적인 불안과 두려움은 사람 사이의 관계문제로 인해서 발생한다.

- **죄**: 인간 사이의 각자 기준 – 관계의 문제 – 불안과 두려움
- **의**: 인간 사이 사랑의 법이 기준 – 관계의 회복 – 평안과 기쁨

요즘 TV에 나오는 여러 가지 뉴스 중에서 특히 '데이트 폭력'에 대한 내용을 자주 접한다. 필자가 아는 한 상담사가 전

해 준 데이트 폭력 사례가 있다.

하루는 상담사가 A라는 자매를 만나서 상담을 했다. 그런데 이 자매가 계속 불안해하고 초조해해서 상담이 잘 진행되지 않았다. 그러나 이 상담사는 끝까지 상담을 진행했고, 그 과정에서 A 자매가 데이트 폭력에 노출되어 있다는 것을 알게 되었다.

그런데 이 A 자매의 반응이 더 놀라웠다. 분명 자신은 데이트 폭력에 노출된 피해자임에도 불구하고 자신에게 폭력을 휘두른 형제를 두둔하는 것이었다. 자기가 잘못해서, 자기가 실수해서 형제도 화를 참지 못하고 어쩔 수 없이 폭력을 휘둘렀다는 것이다.

이 상담사는 형제를 두둔하는 A 자매와 계속해서 상담하면서 이 자매 안에 '버림받고 싶지 않은 두려움'이 있다는 것을 발견했다고 한다. 과거에 부모로부터 사랑과 인정을 받지 못하고 자랐던 A 자매에게는 비록 폭력을 휘두르는 형제일지라도 이 형제로부터 관심과 사랑을 받는다고 생각했기에 이 관계가 잘못됨을 제대로 인지하지 못했던 것이다.

한 가지 예를 더 들어 보고자 한다. 호통 판사라는 별칭으로 유명한 천종호 판사님이 한 TV 프로그램에 나와서 했던 이야기다. A라는 여자아이에 대한 이야기인데, 이 아이는 경제적으로 부족하지 않은 부모와 오빠가 있는 가정에서 자랐다. 그런데 A의 오빠는 공부를 잘하며 좋은 결과를 냈으나 A는 학습 장애가 있어서 제대로 학업 수행을 하지 못했다. 이런 A의 상황을 인지하지 못했던 부모는 A를 오빠와 자주 비교했고, 이로 인해 부모에게 상처받은 A는 초등학교 6학년 때 가출했다.

아버지로부터 사랑을 느끼지 못했던 A는 가출 후 당시 17세였던 B라는 오빠를 만나게 되었다. B 오빠가 밥도 사 주고 잘해 주다 보니 A는 B에게 애착을 갖게 되었고, 결국 B에게 성폭행을 당했다.

얼마 후 A는 부모님의 가출 신고로 집으로 돌아가게 되었고 부모님이 A가 성폭행당했다는 사실을 알게 되었다. 그러나 A의 부모님은 성폭행당한 A의 상처에 대해 위로와 보호를 해 주지 않고 외면해 버렸다고 한다.

A는 얼마 후 또다시 가출하게 되었고, 이번에는 C라는 20대 남자를 만나 C의 강요로 성매매하게 되었다. 결국, 성매매 혐의로 재판을 받으러 가게 되었는데 A는 C로부터 성매매를 강요받았음에도 C를 탓하지 않고 자기가 직접 재판을 받았다.

두 사건 모두 불안과 두려움이라는 문제를 잘못된 관계 속에서 해결하려고 했던 결과다. 심리학적으로는 애착손상이라고 표현하기도 하는데 애착손상은 '위기 상황 또는 중요한 욕구가 있을 때 돌봄을 기대한 대상으로부터 버림받은 상처'를 말한다.

쉽게 말해서 내가 의지할 대상으로부터 사랑받지 못하고, 지지와 인정받지 못할 때 애착손상이 발생하게 된다. 그리고 이런 상황일 때, 인간은 버림받고 싶지 않은 욕구로 인해 앞에서 했던 테스트처럼 '의존성 성격장애' 등의 모습을 보이기도 한다.

의존성 성격장애란 '주변 사람들로부터 보호받고자 하는 욕구가 지나쳐 자신의 의존 욕구를 만족시키기 위해 주변 사람들에게 끊임없이 매달리고, 의존 욕구가 거절될까 봐 다른 사람이 무리한 요구를 해도 순종적으로 응하는 성격장애'를 말한다.

그리고 이러한 의존성 성격장애를 가진 사람은 주변 사람들과 헤어지는 것을 두려워하는 분리 불안이나 불안정한 대인관계를 흔히 보이곤 한다.

2) 불안과 두려움 극복하기

당신이 인간관계 속에서 불안과 두려움 속에 있는가?

그렇다면 당신에게는 안정감을 줄 수 있는, 의지할 수 있는 대상이 필요하다. 그리고 우리가 의지할 수 있는 대상은 우리를 결코 버리지 않으시는 하나님이시다.

Chapter 1의 마지막을 불안과 두려움으로 정한 이유는 프롤로그에서 말했듯이 우리에게는 예수님이라는 마르지 않는 영원한 생명수가 필요하기 때문이다. 그리고 예수님을 만나 그의 사랑으로 충만할 때만 내 안에 생명과 평안과 기쁨이 넘쳐서 불안과 두려움을 극복할 수 있다.

하나님께서는 결코 당신을 버리지 않으시고, 방치하지도 않으시는 분이다. 당신의 불안과 두려움을 해결할 수 있는 유일한 방법은 예수님의 사랑을 받아들이고 예수님과의 관계 속에서 살아가는 것이다. 영혼의 목마름, 불안, 두려움을 채울 수 있는 유일한 생명수, 마르지 않는 샘물이 예수님임을 기억하며 예수님께로 나아가는 당신이 되길 바란다.

> 사랑 안에 두려움이 없고 온전한 사랑이 두려움을 내쫓나니 두려움에는 형벌이 있음이라 두려워하는 자는 사랑 안에서 온전히 이루지 못하였느니라 (요일 4:18).

Chapter 2

나 그리고 예수님 만나기

Chapter 2에서는 본격적으로 복음 앞에 서는 시간을 가지고자 한다. 앞에서 만났던 여섯 남편을 지나 이제는 나를 만나고, 예수님을 만날 것이다.
이를 위해 다음과 같은 주제에 대해 살펴보고자 한다.

복음이란 무엇인가?
인간은 어떤 존재인가?
구원의 서정 속에서 나는 어디에 서 있는가?

Chapter 2를 통해서 영원한 생명수 되시는 예수님이 당신의 삶에 실제가 되는 은혜가 있기를 소망한다.

1. 복음이란 무엇인가?

복음이란 무엇인가?

교회를 오랫동안 다녔다면 '복음이란 무엇인가?'라는 질문에 누구나 쉽게 대답할 수 있을 것이다. 한자로는 '복 복' 자에 '소리 음' 자를 써서 '복된 소식'을 의미하는 것이 복음이고, 헬라어로는 '유앙겔리온', '전쟁에서 승리한 소식'을 의미하는 것이 바로 복음이다.

성경에서 말하는 복음에는 두 가지 의미가 있다.

첫째, '예수 그리스도' 자체를 말한다.
둘째, '예수 그리스도의 십자가 사건으로 구원받았다는 소식, 즉 죄로부터 해방되었고 하나님으로부터 용서받았다'는 구원의 소식 전체를 의미한다.

그렇다면 우리에게 이 복음은 정말로 실제가 되고 있는가?
복음은 나에게 진정 기쁜 소식이자 해방의 소리이고, 용서의 소식으로 내 삶에 역사하고 있는가?

2. 인간이란(나란) 어떤 존재인가?

복음에 대해서 깊이 있게 이해하려면 먼저 인간이 어떤 존재인지에 대해 이해할 필요가 있다. 인간은 어떤 존재이고, 어떻게 구성되어 있는지를 하나하나 알아볼 때 우리는 복음 앞으로 더 나아갈 수 있을 것이다.

인간에 대해 설명할 때는 크게 두 가지로 설명한다. 하나는 이원설이고, 다른 하나는 삼원설이다. 이원설은 영과 육으로, 삼원설은 영·혼·육으로 나누는 방식이다. 이 두 가설은 무엇이 옳고 그르다기보다 관점의 차이라고 볼 수 있다.

- **이원설**: 영의 세계와 육의 세계 사이에 있는 인간 존재를 설명할 때 사용하는 방식
- **삼원설**: 영의 기능, 혼의 기능, 육의 기능이라는 기능적 측면에서 인간을 설명할 때 사용하는 방식

이처럼 인간에 대해서는 두 가지 방식으로 설명할 수 있는데, 특히 인간의 구원에 대해서 이야기할 때에는 삼원설에 대해서 자세하게 알아 둘 필요가 있다.

인간은 영·혼·육으로 구성되어 있다. 각각의 기능은 기계처럼 명확하게 구분해서 나누기 어렵지만, 어느 정도의 구분은 필요하기에 영·혼·육에 대해서 정리해 보고자 한다.

먼저 영은 '하나님과 소통할 수 있는 기능'이 핵심이다. 성경 말씀에도 '하나님은 영이시니'라고 표현하고 있고, 그래서 인간은 영으로서 하나님과 소통할 수 있다. 하나님께서 인간을 창조하실 때 생기를 코에 불어넣으시며 생령이 되었다.

> 여호와 하나님이 땅의 흙으로 사람을 지으시고 생기를 그 코에 불어 넣으시니 사람이 생령이 되니라(창 2:7).

『영에 속한 사람』이라는 책을 쓴 워치만 니(Watchman Nee)는 하나님께서 코에 숨을 불어넣으실 때 생령이 되었다는 것을 통해서 하나님께서 영을 불어넣으실 때, 영과 육이 만나면서 혼이 만들어졌다고 주장한다.

또 다른 견해는 하나님께서 인간을 창조하실 때, 먼저 영을 창조하시고(창 1장), 이후에 땅의 흙으로 육을 만드신 후 코에 생기, 곧 혼을 불어넣었다(창 2장)는 견해가 있다.

> 하나님이 이르시되 우리의 형상을 따라 우리의 모양대로 우리가 사람을 만들고 그들로 바다의 물고기와 하늘의 새와 가축과 온 땅과 땅에 기는 모든 것을 다스리게 하자 하시고 하나님이 자기 형상 곧 하나님의 형상대로 사람을 창조하시되 남자와 여자를 창조하시고 하나님이 그들에게 복을 주시며 하나님이 그들에게 이르시되 생육하고 번성하여 땅에 충만하라, 땅을 정복하라, 바다의 물고기와 하늘의 새와 땅에 움직이는 모든 생물을 다스리라 하

시니라(창 1:26-28).

여호와 하나님이 땅의 흙으로 사람을 지으시고 생기를 그 코에 불어넣으시니 사람이 생령이 되니라(창 2:7).

And the LORD God formed man [of] the dust of the ground, and breathed into his nostrils the breath of life; and man became a living soul(Gen 2:7).

실제로 "사람이 생령이 되니라"라고 말할 때, 킹제임스버전 성경에서는 'living soul'이라고 적어 놓았다. 하나님의 영을 말할 때는 'holy spirit'이라고 하고, 사람의 혼을 말할 때는 'soul'이라고 사용하는 것으로 보아서 혼이라는 것이 존재한다는 것을 알 수 있으며 영과 혼은 분명히 구분되는 것임을 볼 수 있다.

어떤 주장이 맞는지는 알 수 없으나 중요한 것은 하나님께서 우리 인간을 창조하실 때 영과 혼을 가진 존재로 창조하셨다는 것이다.

영은 '하나님과 소통할 수 있는 기능'으로서 여러 가지 요소로 구성되어 있다.

1) 영의 구성 요소

(1) 영교성(종교성)

영교성은 하나님과 소통할 수 있는 영의 기능이다. 인간만이 육체를 가졌으면서도 영을 가진 존재로, 하나님과 소통하고 교제할 수 있다. 하나님께서 인간을 창조하실 때 이 영교성(종교성)을 통해서 교제하도록 창조하셨으나, 인간은 타락한 후 성령뿐 아니라 악령과의 교제도 선택할 수 있는 존재가 되었다.

그래서 타락한 인간들은 하나님과의 관계가 단절되면서 영교성(종교성)을 가지고 악한 영을 섬기는 우상 숭배의 모습을 보인다. 인간만이 종교를 가지고 신을 숭배할 수 있다는 것은 영을 가진 존재만이 종교성을 가질 수 있다는 것을 말해 준다.

(2) 창조성

이 땅의 그 어떤 존재도 인간을 제외하고는 하나님과 같이 창조할 수 있는 능력을 가지지 못했다. 창조성은 하나님께로부터 온 능력이다. 다만, 하나님께서는 무로부터 창조하시지만, 인간은 창조물을 통해서 재창조하는 유로부터 창조한다는 차이가 있다. 창조성, 창조력은 하나님께로부터 온 인간만이 갖고 있는 영적인 능력이다.

(3) 문화성
하나님께서 인간을 창조하신 후 말씀하셨다.

> 생육하고 번성하여 땅에 충만하라, 땅을 정복하라, 바다의 물고기와 하늘의 새와 땅에 움직이는 모든 생물을 다스리라(창 1:28b).

인간은 이 땅에 있는 것들을 통치하고 다스릴 수 있는 권세를 하나님께로부터 부여받았다. 문화성이라는 것은 곧 질서를 세우는 것이자 조직을 구성하는 것이다. 우리 인간이 살아가는 각종 모임에는 각 모임만의 특징과 문화가 있다. 이것은 인간만 구성할 수 있는 것이다.

동물이 모여서 살아가는 것은 문화성보다는 본성에 가깝다. 문화성이라는 것은 더 나음을 추구하기도 하고 상황과 환경에 적절하게 반응한다는 특징도 있다. 그래서 오늘날 우리 인간이 만든 문화, 즉 건축 양식, 패션, 음악, 영화 등 수많은 문화적인 부분은 오직 인간만이 만들고 향유할 수 있는 영역이다. 이 문화성은 창조성과도 깊이 연관을 맺는 부분이다.

(4) 직관
이는 영교성의 영역과도 맞닿는 부분이다. 쉽게 말해서 '알게 되는 것'을 말한다. 우리가 어떤 문제나 사안을 두고 하나님 앞에 전심으로 예배하고 기도할 때, 전혀 생각지도 못했던 해결책 또는 방법을 깨닫고 분별하게 될 때가 있다. 무엇이 옳고 그른지 알게 되는 것이다. 이것이 바로 직관이다.

하나님께서 영으로서 우리 영에게 알게 해 주시는 것이다. 이 직관은 하나님과의 관계가 깊을 때, 또는 하나님 앞에 간절히 나아갈 때 더 민감하게 반응한다.

또한, 직관은 분별력이라고도 말할 수 있다. 직관은 어떤 위험 상황에 처했을 때 그것을 바로 인지하는 능력 또는 어떤 것에 대한 옳고 그름을 분별하는 능력으로 하나님께서 알게 해 주시는 것이다.

(5) 믿음

사실 믿음이야말로 영적인 부분에서 가장 중요한 영역이다. 믿음이라는 것을 통해서 우리 인간은 하나님께 나아갈 수 있다. 그래서 믿음은 곧 하나님과의 관계가 열리는 것이고, 하나님께로부터 받을 수 있는 각종 모든 복을 받을 수 있게 만든다.

앞에서 말한 모든 것도 사실 이 믿음이라는 문이 열릴 때 작동할 수 있다. 그래서 믿음이 가장 중요하다. 믿음은 문이다. 영적인 인간이 영이신 하나님과 소통하고 교제할 수 있는 문이다. 이 문을 통해서 영의 세계에 있는 것을 체험하고, 반응하고, 또 이 육의 세계에 실제가 되도록 할 수 있다.

뒤에서 구원의 서정에서 다루겠지만, 우리 인간이 거듭남(중생)을 경험하면서 우리는 회심을 한다. 회심은 회개와 믿음을 동반하는데, 이 과정을 겪은 자만이 진정으로 하나님과의 관계가 회복되었다고 말할 수 있다. 그리고 이렇게 믿음이 실제가 되었을 때만이 인간의 죽어 있던 영이 살아나 영이신 하나님과 교제하고 반응할 수 있다.

(6) 말

> 살리는 것은 영이니 육은 무익하니라 내가 너희에게 이른 말은 영이요 생명이라(요 6:63).

말은 영적인 것이다. 이 땅에 살아가는 존재 중에서 말이라는 기능을 통해서 소통하는 존재는 인간밖에 없다. 동물이 하는 학습된 언어가 아니라 자신의 의사를 표현하고, 서로의 생각을 이해하는 등의 커뮤니케이션을 할 수 있는 존재는 인간밖에 없다. 그래서 말은 영적인 것이다.

우리가 말씀을 읽을 때 꿀처럼 달게 느껴지는 때가 있다. 이는 말씀이 영적이기에 우리 영의 공허함과 허전함을 채워 주기 때문에 느끼는 현상이다. 또한, 우리가 마음에 감동이 되는 설교를 듣거나 언변이 뛰어난 연설을 들으면 우리의 마음이 뜨거워지는 경험을 하는데, 이는 말이라는 영적인 것에 나의 영이 반응하면서 나타나는 현상이다. 이처럼 말은 영이 가장 크게 반응할 수 있도록 만드는 도구다.

그리고 말은 영적이라서 말에 의해서 사람의 영혼이 살기도 죽는다. 영·혼·육이라는 질서의 관점에서 보자면 말이라는 영적 기능이 선한 영향을 미치면 혼이 그 영향을 받아 살 수도 있고, 또는 부정적 영향을 받아 죽을 수 있다. 그래서 우리 인간이 말에 의해 기뻐하거나 상처받는 이유는 말이 영적인 것이기 때문이다. 말이라는 영적인 요소가 혼을 긍정적인 방향이든 부정적인 방향이든 이끌어간다는 의미다.

이처럼 영에 속한 여섯 가지 요소를 살펴보았다. 다음으로는 혼에 속한 구성 요소를 보자.

2) 혼의 구성 요소

(1) 지성

이성 또는 사고력을 의미하기도 하는데 쉽게 말해서 이 세상에 대해서 인식하고, 해석하고, 기억하고, 분별할 수 있는 능력이다. 사실상 인간들은 오늘날 이 혼의 요소 중에서도 지성의 영역을 가장 중요하게 여기며 살아가고 있다.

지성은 논리적이고, 해석(이해)이 가능한 부분을 추구하게 만든다. 그래서 영이 죽어 있는 구원받지 못한 인간은 영적인 부분보다는 지성과 과학적 지식을 더 중요하게 여긴다.

(2) 감정

감정은 감성 또는 이끌림이라고도 표현할 수 있는데, 쉽게 말해서 이 마음이라는 곳에서 내가 원하는 것을 추구하도록 하는 핵심적인 기능이 바로 감정이다.

감정은 어떤 면에서는 지성과 반대로 작용하는 것처럼 보인다. 이성적으로는 무엇이 옳고 그른지 알아도 이 감정은 옳고 그름보다는 끌림에 더 작용하기 때문이다.

오늘날 포스트모더니즘 사회라고 불리는 이 사회는 이성도 중요하지만, 감성적 요소를 더 중요하게 여긴다. 그래서 "네 마음 가는 대로 해!"라고 말하는 것이 허용되는 것을 넘어 어떤 면에서는 이것이 기준이 되기도 한다. 이 감정이 영의 질서 아래에 있지 않을 때는 육의 끌림에 따라 살아가게 만든다.

(3) 의지

자유 의지라고 불리는 의지는 선택할 수 있는 능력이다. 하나님께서 우리 인간을 창조하시면서 주신 가장 큰 선물이자 인간이 인간다울 수 있는 핵심적인 기능이 바로 자유 의지다. 자유 의지가 있음으로 인해서 인간은 자기 인생에 대해서 주체성을 가지고 자기 생각과 감정에 따라 선택할 수 있게 되었다.

이 자유 의지가 있다는 것이 바로 하나님께서 우리 인간을 하나님과 같은 존재로 만드셨다는 증거다. 그리고 하나님께서 원하시는 것이 바로 인간이 자유 의지를 가지고 하나님과 서로 사랑하는 것임을 성경은 계속해서 말하고 있다. "순종이 제사보다 낫고"(삼상 15:22)라는 말씀은 하나님의 율법을 율법이라서 따르는 것이 아니라 하나님을 사랑해서 행하는 것을 원하신다는 것이다.

또한, 자유 의지는 선택할 수 있는 능력이기에 인간은 성령을 내 안에 초청할 수도 있고, 악령 또는 세상의 영을 초청할 수도 있다. 인간은 영의 세계와 육의 세계 양쪽에 동시에 존재한다. 그래서 하나님 나라에 속한 성령의 것을 선택할 수도 있고, 육의 세계에 속한 악령 또는 세상의 영을 받아들일 수도 있다.

(4) 마음

혼이란 무엇인가?

여기에 대해 명확하게 무엇이라고 말할 수는 없겠지만, 가장 근접한 것이 바로 마음이라고 말할 수 있다. 이 마음이라는 것이 곧 혼이고, 이 마음 안에서 각종 생각과 감정을 통해서 자신이 추구하는 것을 의지적으로 선택하기 때문이다. 그래서 마음이 곧 혼이고, 자아라고 볼 수 있다.

하나님께서 인간을 창조하실 때 마음을 창조하신 것은 곧 인간의 자아가 이성과 감정과 의지를 통해 하나님과 닮은 모습으로 살아가기를 원하셔서 주신 것이다. 이것만이 옳다고 주장할 수 없지만, 필자는 마음이 곧 혼이고 자아라고 생각한다. 따라서 혼은 곧 '마음' 또는 '자아'이며 지·정·의로 구성되어 있다고 해석한다.

(5) 양심

양심은 쉽게 말해서 율법 조문으로 쓰여 있지 않은 법이라고 볼 수 있다. 이는 우리 인간의 마음속에 하나님께서 남겨 놓으신 가장 최후의 보루이자 인간들이 동물과 다르게 살아갈 수 있도록 만든 가장 근본적인 법이다. 그래서 사람들이 살아가는 곳에는 여러 가지 법과 문화가 공존한다.

하지만, 가장 근본적인, 예를 들어 살인하지 않는 것, 다른 이의 물건을 탐내지 않는 것 등과 같은 부분은 법으로 정리되기 이전에 각각의 공동체마다 사람들의 양심의 법에 의해서 정해진 규칙이라고 볼 수 있다.

> 또 새 영을 너희 속에 두고 새 마음을 너희에게 주되 너희 육신에서 굳은 마음을 제거하고 부드러운 마음을 줄 것이며 또 내 영을 너희 속에 두어 너희로 내 율례를 행하게 하리니 너희가 내 규례를 지켜 행할지라 (겔 36:26-27).

인간은 성령으로 말미암아 거듭나게 되면 새 영과 새 마음을 가진 존재가 된다. 이를 쉽게 표현하면 마음판에 율례(율법)가 쓰여서 율법을 즐겨 행하게 되는 것을 말한다. 그러나 거듭나기 전 인간의 마음판에는 율례가 쓰여 있으나 희미하게 쓰인 것과 같은 상태이고 이것이 바로 양심이다.

그래서 인간은 거듭나기 전에는 마음판에 새겨진 양심의 법을 따라 살다가 거듭난 이후에는 마음판에 새겨진 성령의 법을 따라 살아가게 된다.

[마음의 구성]

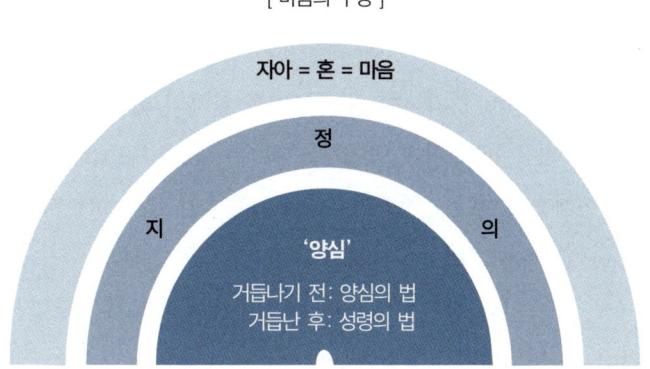

(6) 옛 자아와 거듭난 자아

옛 자아는 과거의 타락한 혼이자 죄를 사랑하는 자아다. 이는 반드시 죽어야 한다. 여기서 옛 자아를 설명하는 이유는 옛 자아와 새로운 자아, 육신의 구분이 필요하기 때문이다.

성경은 옛 자아를 옛사람이라고 표현한다. 죄로 인해 타락한 혼이자 자아는 하나님을 사랑하기보다 죄를 더 사랑하고 죄 지향적이다. 그러나 예수님의 십자가 사건으로 말미암아 거듭난 자아는 더 이상 죄를 사랑하기보다는 하나님을 더 사랑한다. 거듭난다는 것은 마음이 변화되는 것이자 성향이 변화되는 것을 말하기 때문이다.

그래서 우리의 혼은 지·정·의로 구성되어 있으면서 동시에 옛 자아(옛 혼)이거나 거듭난 자아(거듭난 혼)로 구분 지을 수 있다.

여기서 한 가지 짚고 넘어갈 것은 성경에서 바울은 그리스도로 말미암아 옛 자아의 죄 지향적인 문제가 해결되었음에도 날마다 죄를 짓고 죄에 넘어지는 자신에 대해 "곤고한 사람이로다"(롬 7:24, "비참한 사람입니다" 표준새번역)라고 표현한다.

즉, 과거에는 마음에서부터 죄를 짓기를 원하고 사랑했으나 지금은 마음에서 죄짓는 것을 원치 않는데도 죄짓는 자신을 향해 비참하다고 말한다. 이 때문에 힘들어하는 많은 사람을 보게 되는데 이는 육신의 정욕 때문이다. 성경은 이 몸, 육신에 대해 말할 때 "사망의 몸"이라고 표현하기도 하고 속사람과 반대되는 "겉사람"이라고 표현하기도 한다.

이상, 혼에 속한 여섯 가지 요소도 살펴보았다.

계속해서 육의 구성 요소를 보자.

3) 육의 구성 요소

(1) 육체

육체는 우리 눈에 보이는 모든 사람이 갖고 있는 몸을 의미한다. 성경에서는 원어로 육체와 육신을 같은 의미로 쓰기도 하는데, 필자는 필요상의 구분으로 육체는 보이는 몸으로 해석해서 설명하려고 한다.

이 육체는 타락 전에는 매우 건강하고 흠 없는 몸이었으나 타락 이후 죄가 들어온 다음에는 낡고, 병들고, 부패하는 몸으로 변했다. 썩어질 수밖에 없는 형태로 변한 것이 바로 육체, 몸이다.

(2) 육신(육신의 정욕)

이는 '죄를 담고 있는 몸의 성향', '옛사람', '겉사람', '사망의 몸', '죽을 몸', '죄의 몸'이라고 표현한다. 육신은 육체라는 보이는 몸 안에 있는 죄를 지향하고 여전히 죄의 영향력이 남아 있는 몸의 성향이자 정욕을 추구하는 경향이다.

> 너희가 육신대로 살면 반드시 죽을 것이로되 영으로써 몸의 행실을 죽이면 살리니(롬 8:13).

그래서 우리 그리스도인은 이 육신의 문제로 인해서 계속해서 넘어지는 것을 보게 된다. 내 속사람(거듭난 혼)은 하나님의 법을 쫓기를 원하나 내 겉사람(육신)이 죄를 좋아하고, 죄를 지향하게 만드는 것이다. 그래서 그리스도인 중에서도 죄를 짓고 넘어지는 것으로 인해 자책하고 괴로워하는 사람이 많은 이유가 바로 이를 구분하지 못하기 때문이다.

우리 그리스도인이 죄를 짓는 이유는 자아 때문이 아니다. 죄를 사랑해서가 아니다. 육신이라는 죄를 담고 있는 몸의 성향, 겉사람의 유혹, 육신의 정욕으로 인해서 죄에 넘어지는 것이다.

그래서 우리 그리스도인에게 필요한 것은 영이 강해지는 것이다. 혼은 선택한다. 그런데 육이 강하면 혼은 육 지향적인 방향을 선택하고, 영이 강하면 혼은 영 지향적인 방향을 선택한다. 영이 강한 것을 성령 충만이라고 표현하기도 하고, 은혜가 충만하다고 표현하기도 한다.

그래서 우리는 예배의 자리에 나아가서 은혜를 받고, 성령으로 충만해서 영의 끌림에 혼이 반응해야 하는 것이다. 이때 우리는 죄의 유혹을 이겨 내고 성령님을 쫓아 살아갈 수 있다.

(3) 부활체

부활체는 우리 그리스도인이 육체가 죽은 후 부활할 때 입게 될 몸이다. 이 부활체는 타락하기 전 육체만큼 또는 그보다 더 강건하고 영원하며 아프지도 병들지도 않는 몸이다.

4) 두 세계에 속한 존재, 인간

인간은 이원설에 의하면 영의 세계와 실제 세계에 속한 존재로 양쪽 세계에서 영향을 받으면서 동시에 영향을 줄 수 있는 유일한 존재가 인간이다. 사탄도, 천사도 영적인 존재로서 영의 세계에만 존재한다.

인간은 자유 의지를 통해서 스스로 어떤 영으로부터 영향을 받을 것인가, 받지 않을 것인가를 선택할 수 있다. 다만, 우리의 선택은 실제 세계(육의 세계)에 영향을 미치게 된다.

5) 연합과 합일의 차이

성령과 악령의 차이는 분명하다. 성령은 '연합'하고, 악령은 '합일'한다.

그렇다면 '연합'은 무엇이고 '합일'은 무엇인가?

쉽게 말하자면 자아와 인격성이 그대로 있느냐 없느냐의 차이다. 하나님은 인격적이시고 성령님도 동일한 성령 하나님으로 우리의 자아와 인격을 존중하신다. 그래서 성령님이 우리 안에 들어오실 때는 인격적으로, 즉 우리의 자아가 그대로 작동하는 상태로 들어오신다.

그래서 우리의 자유 의지적 선택에 의해 동의함으로 우리 안에 내주하시면서 우리에게 하나님의 뜻과 마음을 알려 주시고, 감동을 주심으로 우리가 하나님의 마음과 같은 마음으로 연합할 수 있도록 인도하신다. 나도 성령님도 각자의 인격이 있는 상태로 하나가 되는 것이 바로 '연합'이다.

그러나 '합일'은 다르다. 합일은 둘 중 하나의 인격이나 자아는 없어지거나 잠시 동안 작동하지 않는 것을 말한다. 즉, 악령은 그 영을 받기로 한 인간이라는 그릇을 통해 역사할 때 그릇이 되는 인격의 자아는 무시한다. 악령의 뜻대로 인간이라는 그릇을 마음대로 사용하는 것이 악령이 하는 일이다. 그래서 '합일'은 인격성이나 자아가 공존하지 않는다.

3. 죄란 무엇인가?

앞에서 인간에 대해서 보았다면 이제는 죄에 대해서도 알아보자.

죄란 무엇인가?

헬라어로 '하마르티아'라는 뜻으로 '과녁에서 벗어난 상태'를 말한다. 그러나 좀 더 본질적인 의미로 죄는 '하나님과의 관계질서가 깨어진 상태'를 말한다.

또한, 죄를 크게 원죄와 자범죄로 구분할 때, 원죄는 하나님과의 관계질서가 깨어진 상태를 말하고, 자범죄는 이러한 상태로 인해 우리 삶에 나타나는 열매로서 살인, 간음, 폭력, 범죄 등과 같은 것을 말한다.

죄의 반대말은 무엇인가, 선인가?

말씀에 비춰 보자면 '의'(義)라고 볼 수 있다. 옳을 의의 한자를 보면 위에는 '양 양'(羊) 자가 있고, 아래에는 '나 아'(我) 자가 있다.

義

즉, 예수 그리스도가 내 삶의 주인이고, 나는 그분 아래에 있는 질서 상태가 의로운 상태다. 따라서 죄는 그 반대 상태를 말하는 것으로 내 삶의 주인이 나고, 예수님이 내 삶의 중심이 아닌 상태가 바로 죄의 상태다.

성경에서는 죄에 대해서 여러 가지로 말한다. 행위의 죄로서는 율법을 어긴 것에 대해서 죄라고 말하고, 상태로서는 의롭지 않은 타락한 상태에 대해 말하며, 본질적으로는 하나님과의 관계가 깨어진 상태를 죄라고 말한다.

1) 죄는 살아 있는 실체다

성경에서는 죄를 단순히 행위로서 규정하고 있지 않다. 오히려 살아 있는 실체처럼 묘사하는 것을 볼 수 있다.

> 그러나 죄가 기회를 타서 계명으로 말미암아 내 속에서 온갖 탐심을 이루었나니 … (롬 7:8a).

> 죄가 기회를 타서 계명으로 말미암아 나를 속이고 그것으로 나를 죽였는지라(롬 7:11).

이처럼 죄는 살아 있는 실체처럼 우리를 속이고, 우리가 죄의 영향력 아래 있게 만들려고 한다. 우리를 유혹해서 죄를 짓게 만들고, 이로 인해서 우리가 정죄감 아래에 있게 하는 것이 죄다. 죄는 정죄감, 곧 '나는 죄인이다'라는 인식을 가져와 우리를 무너지게 만든다. 그래서 성경은 그리스도인들에게 '깨어 있으라!'라고 말한다. 깨어 있지 않으면 살아 있는 실체인 죄가 우리를 유혹하여 죄 아래에 살게 하기 때문이다.

2) 죄는 없앨 수 있는가?

죄는 없앨 수 있는가, 없는가?
예수님께서 십자가에서 못 박혀 죽으심으로 말미암아 우리의 죄는 없어졌는가?
없어진 게 아니라 사함받은 것이다. 용서받은 것이다.
죄는 씻어 낼 수 있는가, 없는가?
예수님께서 십자가에서 못 박혀 죽으심으로 말미암아 우리의 죄는 씻겨졌는가?
씻겨진 게 아니라 씻겨진 것처럼 여김 받게 된 것이다.
필자가 경험한 한 이단은 "말씀을 많이 읽으면 읽을수록 우리의 영이 깨끗해져서 죄가 사라진다"고 말했다. 그러나 이 말은 틀렸다. 아무리 말씀을 많이 읽고, 기도를 하고, 예배를 드려도 당신의 죄는 결코 없어지거나 씻어 낼 수 없다. 죄의 삯(값)은 죽음이라고 성경은 분명하게 말하고 있다.

> 죄의 삯은 사망이요 하나님의 은사는 그리스도 예수 우리 주 안에 있는 영생이니라(롬 6:23).

예를 들어서 당신이 살인을 저질렀다고 하자.
당신이 살인을 저지른 이 사실, 이 죄는 없어질 수 있는가?

아니다. 살인이라는 죄를 지어 감옥에 들어가 20년, 30년을 살면서 죄에 대한 대가를 치를 수는 있지만, 그렇다고 당신이 살인을 저질렀다는 사실은 변하지 않는다. 당신이 감옥에 다녀왔어도 당신은 여전히 살인을 저지른 죄인이다.

그래서 죄를 저지르는 순간 우리는 모두 다 죄인이 된다(이곳에서의 예시를 통해서 말할 때는 죄를 저지르는 순간 인간이 죄인이 된다고 표현하지만, 성경적으로 볼 때 인간은 태어나는 순간 이미 죄인으로 태어난다). 이 사실은 변할 수 없다.

당신이 지은 죄에 대해서 당신 스스로는 그 죄를 없앨 수도, 씻어 낼 수도 없다. 그러나, 당신이 저지른 죄로 인해 피해를 입은 피해자가 당신을 용서해 준다면 당신은 여전히 죄인이지만, 죄로 말미암은 그 사건으로부터는 자유해질 수 있다. 그래서 죄는 사함받는 것이고, 용서받는 것이다. 죄의 문제를 해결할 방법은 용서받는 것 말고는 없다.

그런데 우리는 모두 하나님 앞에서 죄를 지었다.

어떤 죄인가?

하나님보다 내가 더 높아지는 죄, 내가 내 인생에 주인이 되는 죄, 이기심, 자기 사랑, 내가 신이 되고자 하는 죄를 지었다. 그래서 우리는 모두 죄를 지었고, '용서'받아야 한다.

4. 인간의 세 가지 상태

인류 역사 속에서 인간의 상태를 구분해서 설명한다면 세 가지 상태로 나눌 수 있다. 먼저는 타락 전 인간, 다음으로는 타락 후 인간, 마지막으로는 구원 후 인간이다.

1) 타락 전 인간

앞에서 살펴본 것들을 토대로 본다면 타락 전 인간의 영·혼·육의 상태는 어떠한가?

여기서 영·혼·육의 상태는 하나님과의 관계적 측면에서 설명하는 것임을 알아야 한다. 타락 전 인간의 '영'은 하나님과의 관계가 안전한 상태였기에 살아 있는 상태다. '혼' 역시 자유의지로 하나님의 주권을 인정하는 상태이기에 살아 있는 상태이자 온전한 상태라고 볼 수 있다. '육' 또한 죄의 영향력 아래 있지 않기에 온전한 상태라고 볼 수 있다.

2) 타락 후 인간

타락 후 인간은 영도 죽었고, 혼도 죽었고, 육도 죽었다. 영은 하나님과의 관계가 죄로 인해 단절되었기 때문에 더 이상 기능하지 않음으로 인해 죽었고, 혼은 질서의 파괴를 가져와 타락하게 되면서 온전한 기능을 상실하여 죽었다. 어떤 견해는 타락 전의 인간은 지구 온 땅을 다스릴 수 있을 만큼의 엄청난 능력이 있다고 표현하기도 했다. 육 역시 죄 아래에서 죄가 끌고 가는 대로 살아가는 타락한 모습을 갖게 되어 죽었다.

3) 구원 후 인간

구원 후의 인간은 어떠한가?

예수님께서 십자가 위에서 죄의 값을 지불하셨다. 이를 속량이라고 하는데, 죄의 값을 지불하심으로 말미암아 이제 더 이상 죄가 인간을 주장하지 못하게 되었다. 하나님과 인간 사이를 갈라 놓았던 죄는 더 이상 영향을 미칠 수 없게 되었고, 이로 인해 하나님과 인간의 관계는 회복되었다.

물론, 이는 예수 그리스도께서 하셨기에 그분이 하셨다는 믿음 그리고 그분으로 인해서만 하나님께로 나아갈 수 있다는 믿음에 기초할 때 가능하다. 구원 후의 인간의 영은 그래서 살아났다.

혼은 어떠한가?

나의 옛 자아가 그리스도와 함께 십자가에 못 박혀 이제는 내가 사는 것이 아니요, 내 안에 그리스도께서 사시기에 믿음이 있는 그리스도인들의 혼은 다시 살아나서 재기능을 하게 되었다. 물론, 타락 전 하나님께로부터 온 뛰어난 능력은 여전히 봉인된 것처럼 제대로 기능하지 못하더라도 혼이 질서의 기능은 되찾게 되었다.

이로 말미암아 영·혼·육이라는 질서가 다시 바로잡히며 혼은 살아났다. 영이 영으로서 기능할 수 있는 문을 혼이 믿음이라는 것을 통해서 열어 주었다. 이로 인해 자아가 본래의 자리인 하나님 아래에 속하게 되었다.

> 또 새 영을 너희 속에 두고 새 마음을 너희에게 주되 너희 육신에서 굳은 마음을 제거하고 부드러운 마음을 줄 것이며 또 내 영을 너희 속에 두어 너희로 내 율례를 행하게 하리니 너희가 내 규례를 지켜 행할지라 (겔 36:26-27).

에스겔서 말씀을 통해서도 알 수 있다. 성령이 오셔서 거듭난(구원받은) 인간이 어떻게 변하게 되는지 에스겔서는 분명히 말하고 있다. 새 영(영의 살아남)과 새 마음(혼이 살아남)을 통해서 굳은 마음(옛 자아, 죽은 혼)이 제거되는 것이다.

하나님의 영(성령)이 우리 안에 와서 그동안 나 중심적, 내 자아, 내 뜻대로 살아왔던 마음을 변화시켜 과거에는 지켜야 하지만, 지키고 싶지도 지킬 수도 없었던 율법이 이제는 자원하는 심정으로 성령 충만한 가운데에서 지킬 수 있게 되었다.

그렇다면 육은 어떠한가?

육은 여전히 죽어 있다. 육은 아담 이후 모든 인류가 태어날 때부터 죄를 담고 있는 몸으로 태어난다. 이 육은 반드시 한 번 죽어야 하고, 죽고 나서 부활체를 입을 때 완전한 회복을 경험하게 된다. 아담 한 사람으로 인해 들어온 죄는 이 육체가 생을 마감할 때까지 영향을 미칠 것이다.

> 그러므로 한 사람으로 말미암아 죄가 세상에 들어오고 죄로 말미암아 사망이 들어왔나니 이와 같이 모든 사람이 죄를 지었으므로 사망이 모든 사람에게 이르렀느니라(롬 5:12).

그러나 육체 안에 있는 육신(육신의 정욕)보다 성령 충만함으로 영이 강해질 때 우리는 이 땅에서도 죄의 유혹으로부터 이겨 낼 힘을 갖게 된다. 구원받은 우리는 죄의 영향력 아래에 있는 자가 아니다.

죄는 더 이상 우리를 주장할 수 없다. 다만, 죄는 유혹할 것이다. 육체의 육신을 통해서 죄를 짓도록 유혹할 것이다. 유혹을 이길 수 있는 힘은 성령 충만이다.

[하나님과의 관계를 통해 보는 인간의 세 가지 상태]

	영	혼	육
타락 전 인간	○	○	○
타락 후 인간	×	×	×
구원 후 인간	○	○	×

필자는 인간의 상태를 세 가지로 구분했다. 그런데 청교도 작가 토머스 보스턴(Thomas Boston)이 쓴 『인간 본성의 4중 상태』에서 인간을 무죄의 상태, 본성의 상태(죄인의 상태), 은혜의 상태, 영원한 상태(영광의 상태) 총 네 가지로 분류하고 있다.

- **무죄의 상태**: 죄를 지을 수 있는 상태
- **본성의 상태**: 죄를 지을 수밖에 없는 상태
- **은혜의 상태**: 죄를 짓지 않을 수 있는 상태
- **영원한 상태**: 죄를 지을 수 없는 상태

필자가 하나님과의 관계에서 영·혼·육을 통해 인간의 상태를 설명했다면, 토머스 보스턴은 죄와의 관계에서 인간의 상태를 설명했다고 볼 수 있다.

5. 삼위일체 하나님의 사역과 예수님의 십자가

이제는 구원의 서정에 대해서 알아보려고 한다. 그중에서도 핵심적이고 중요한 내용 위주로만 다뤄 보려고 하는데 우선 삼위일체 하나님께서 우리에게 어떤 일을 하셨는지 보고자 한다.

[성부 하나님의 사역]
- **작정**: 하나님께서 당신의 영광을 위해 앞으로 일어날 모든 일을 창세 전에 미리 계획하심.
- **예정**: 우리를 창세 전에 택하심, 신자의 구원에 관한 것.

[성자 예수님의 사역]
- **계시**: 하나님의 사랑과 공의 등 하나님의 영광을 보여 주심.
- **대속**: 우리 죄를 대신해서 죽으심.
- **화목과 화해**: 하나님의 진노를 풀어 주시고 하나님과 교제할 수 있게 하심.
- **구속**: 우리를 죄와 죽음으로부터 해방시키심.
- **승리**: 사탄과 악의 세력을 정복하심.

[성령 하나님의 사역]
- **소명(부르심)**: 복음 전도를 통해 예수님을 믿도록 하심.
- **중생(거듭남)**: 성령의 내주하심으로 우리의 성향을 바꾸심.

- **회심(회개와 믿음)**: 죄를 회개하고 예수님을 믿도록 하심.
- **그리스도와 연합**: 그리스도와 하나가 되게 하심.
- **칭의**: 의롭다고 선언하심.
- **양자 됨**: 하나님의 자녀로 입양하심.
- **성화**: 전인적으로 예수님을 닮아 가게 하심.
- **견인**: 죽는 순간까지 믿음을 지키게 하심.
- **영화**: 죽는 순간에 먼저 영혼이, 예수님 재림하는 순간에 육체가 부활하여 영광스럽게 변화되게 하심.

이처럼 구원에 대해서 말할 때 삼위일체 하나님께서 각각의 위치에서 각각의 역할에 따라 인간을 구원하신다고 설명한다. 다만, 이 책에서는 이 모든 것을 설명하지 않고, 성령 하나님께서 우리 삶에 구원을 어떻게 적용하시는지에 대한 부분을 통해서 구원의 서정을 설명하고자 한다.

또한, 구원의 서정에 대해서 대부분 위와 같은 순서로 말한다. 물론, 이는 어디까지나 구원의 서정을 잘 설명하고 해석하기 위해서 만들어 놓은 것이다. 이 순서대로 경험하지 않는 사람도 있고, 또는 이 순서를 한 번에 경험하게 되는 사람도 있다.

따라서 이 순서에 따라서 해석해야만 한다고 생각하기보다는 논리적인 순서로 이해하고, 구원이 내 삶에 어떻게 적용되었는지를 분별하는 데 적용하면 좋을 것 같다. 모든 개념이 중요하지만, 이번 장에서는 성자 예수님께서 하신 일들을 풀어서 설명하고자 한다.

1) 성자 예수님은 이 땅에 왜 오셨는가?

예수님은 이 땅에 왜 오셨는가?

바로 하나님께서 예정하신 택함 받은 자들을 구원하기 위해서다. 예수님은 이 땅에 오셔서 하나님께서 계획하시고 설계하신 일들을 이루기 위해 오셨다. 성부 하나님은 계획과 설계를 하신다면, 성자 예수님은 그 계획을 실제로 집행하시는 분이다. 그리고 집행된 것들이 적용되는 것은 바로 성령 하나님께서 하시는 일이다.

예를 들면, 우리가 교회에서 무언가 사역을 할 때에도 하나님께서 교회의 리더 되시는 담임목사님에게 하나님의 뜻을 전해주신다. 하나님께서 계획하고 설계하신 그 교회를 향한 계획을 담임목사님에게 알려 주시면 담임목사님은 그것을 믿음으로 취해서 실제로 집행한다. 이 계획이 잘 이루어질 수 있도록 그래서 사역이 사역다울 수 있도록 이끄시고 동시에 그에 대한 책임도 지신다. 이것이 바로 집행이다.

그러면 아래에 있는 부교역자들과 성도들이 실제로 그 집행되는 사역을 이루어 나간다. 각자의 자리에서 그 역할들을 행함으로 말미암아 모든 계획이 적용된다.

예수님은 하나님께서 계획하신 일들을 이루기 위해서 그리고 나아가 예정하신 모든 자를 구원하기 위해서 이 땅에 오셨다. 오셔서 그 계획한 일이 진행될 수 있도록 십자가에서 못 박혀 죽으셨다. 이것이 하나님의 뜻이자 계획이기 때문이다.

2) 예수님은 왜 십자가 위에서 죽으셔야 했는가?

예수님은 죄로 말미암아 인간과 하나님과 끊어진 관계를 회복시키기 위해 십자가에서 죽으셨다. 그리고 다음과 같이 인간의 세 가지 문제를 해결해 주셨다.

첫째, 하나님께 용서받는 것(진노의 문제)
둘째, 죄를 지은 것에 대한 값을 치르는 것(공의의 문제)
셋째, 다시는 죄를 짓지 않고 완전한 의로움을 이루는 것(순종의 문제)

이 세 가지 문제가 해결될 때 인간이 타락 전, 하나님과의 생명의 관계로 돌아갈 수 있기 때문이다.

예를 들어보자. A라는 사람이 B라는 사람에게 폭력을 휘둘렀다고 가정해 보자. 그렇다면 A는 이 폭력의 문제를 해결하려면 가장 먼저 B에게 용서받아야 한다. 자신이 저지른 폭력에 대해 사과하고 용서를 받아야 될 것이다.

그뿐만 아니라 폭력을 저지른 것에 대한 죗값을 치러야 한다. 법원의 심판을 통해서 폭력을 저지른 것에 합당한 죗값을 치러야 한다. 그리고 다시는 B에게 폭력을 저지르지 않겠다는 마음의 돌이킴이 필요하다.

그렇지 않으면 B는 물론이고 사회가 A를 받아 줄 수 있겠는가? 다시는 죄를 짓지 않고 착하게 살겠다는 다짐을 받아야 한다.

이와 같이 하나님께 죄를 지은 인간은 먼저 하나님께 용서 받아야 한다. 이를 위해서, 즉 하나님의 진노를 해결하기 위해서 예수님께서 십자가 위에서 우리 죄를 위해 대신 죽으신 것이다. 죄의 삯은 사망이기 때문이다.

예수님께서는 사망이라는 죄의 값을 지불하심으로 말미암아 법적으로도 우리가 죄인의 신분에서 벗어나게 해 주셨다. 공의의 측면에서 보자면 예수님은 십자가 위에서 인간의 죄에 대한 값을 지불하심으로 하나님의 공의를 이루셨다.

덧붙여 예수님은 이 땅에서 하나님을 향해 완전한 순종을 이루셨다. 율법을 폐하러 오신 것이 아니라 완전하게 하기 위해 오셨고, 실제로 완전한 순종을 통해 의를 이루셨다. 이로 인해 순종의 문제까지 해결하셨다. 이것이 바로 예수님께서 십자가 위에서 죽으셔야 했던 이유다.

그리고 이를 믿음으로 받아들이는 사람은 위대한 교환을 통해 예수님께서 하셨던 모든 것이 곧 내가 한 것과 같이 내 삶에 적용되어 하나님으로부터 용서받고, 죄의 문제에 값을 치러 해결되고, 그분의 순종이 곧 나의 순종이 되어 하나님 앞에 의인으로 여김 받게 되는 것이다.

3) 십자가에서의 승리와 부활

예수님의 십자가에서의 승리는 하나님과의 관계 회복뿐만 아니라 불의를 멸하셨으며 다음과 같이 모든 영역을 회복시키셨다.

첫째, 하나님과의 관계에서 용서받게 되었다.
둘째, 죄와의 관계에서 죄로부터 해방되어 정죄함이 없게 되었다.
셋째, 사탄과의 관계에서 거짓, 유혹, 혼돈, 속임, 참소의 권세 아래 있다가 예수님의 승리로 우리도 승리하게 되었다.
넷째, 율법과의 관계에서 지켜야 하지만, 지킬 수 없었던 율법이 이제는 성령 안에서 지키고 싶고, 지키는 것이 가능해진 사랑의 법이 되었다.
다섯째, 나와의 관계에서 자기 사랑, 이기심, 자기중심적인 삶을 살다가 이제는 주 안에서 나 자신을 사랑하며 진정한 나와의 관계도 회복하게 되었다.
여섯째, 이웃과의 관계에서 약육강식과 경쟁의 대상이었던 이웃이 이제는 사랑의 대상이 되었다.
일곱째, 육신과의 관계에서 육신으로 말미암아 죄의 유혹에 반응하며 살았다면, 이제는 성령 안에서 죄를 미워하며 성령을 좇아 살게 되었다.
여덟째, 의와의 관계에서 이전에는 의와 전혀 상관없었으나 이제는 의롭게 여김을 받는 존재가 되었다.

[십자가 사건으로 말미암은 변화]

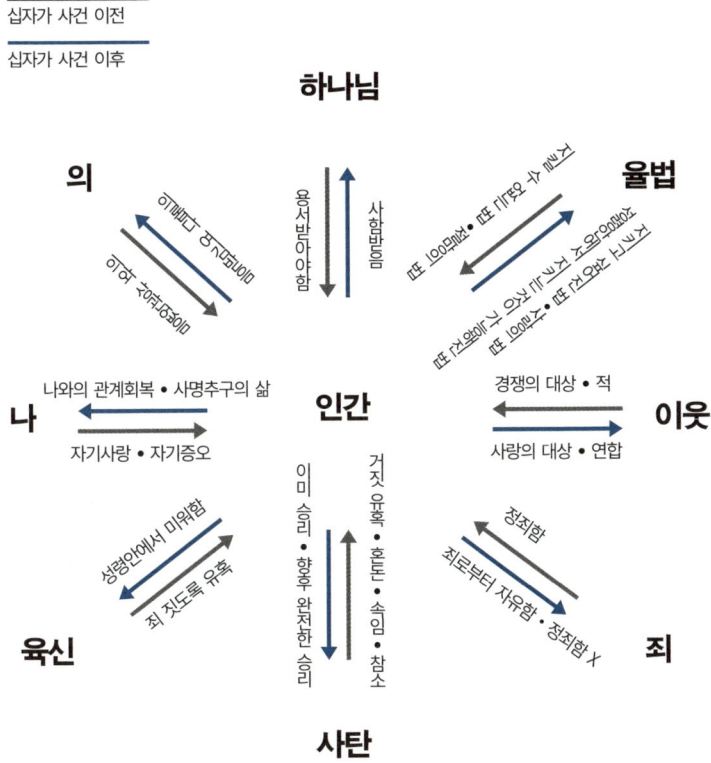

그리고 십자가 사건과 함께 부활을 통해 모든 영역에서 온 전케 하셨다. 예수님께서는 부활의 첫 열매가 되셨다.

> 만일 우리가 그의 죽으심과 같은 모양으로 연합한 자가 되었으면 또한 그의 부활과 같은 모양으로 연합한 자도 되리라(롬 6:5).

> 이는 그리스도께서 죽은 자 가운데서 살아나셨으매 다시 죽지 아니하시고 사망이 다시 그를 주장하지 못할 줄을 앎이로라 그가 죽으심은 죄에 대하여 단번에 죽으심이요 그가 살아 계심은 하나님께 대하여 살아 계심이니 (롬 6:9-10).

> 그러나 이제 그리스도께서 죽은 자 가운데서 다시 살아나사 잠자는 자들의 첫 열매가 되셨도다 사망이 한 사람으로 말미암았으니 죽은 자의 부활도 한 사람으로 말미암는도다 아담 안에서 모든 사람이 죽은 것 같이 그리스도 안에서 모든 사람이 삶을 얻으리라(고전 15:20-22).

예수님께서 부활의 첫 열매가 되심으로 말미암아 이제 우리 믿는 자들에게는 예수님께 주어진 모든 복이 동일하게 전가되었다. 아담의 죄가 우리에게 전가되었듯이 예수님의 부활도 우리에게 전가되었다.

예수님의 부활로 말미암아 우리 인간은 영생이라는 새 생명을 선물로 받게 되었다. 또한, 우리는 타락한 이 땅에서 살고 있지만, 이 땅에 임하게 될 하나님의 나라, 천국을 소망하며 살아갈 수 있게 만들어 주었다.

첫째, 사망과의 관계에서는 늘 죽음의 두려움 속에 살다가 이제는 영생을 소망하게 되었다.

둘째, 세상과의 관계에서는 고통스러운 세상이지만, 천국 본향을 꿈꾸고 소망하게 되었다.

십자가 사건으로 말미암아 하나님께로 나아갈 수 있는 길이 열렸다면, 부활로 말미암아 이제는 하나님께서 원하시는 모습으로 영원토록 살아가는 삶을 꿈꾸게 되었고, 하나님과 영원토록 함께하는 천국 본향을 소망하게 되었다. 그리고 이 모든 것은 우리가 예수 그리스도를 믿을 때, 영접할 때 우리 삶에 실제가 된다.

6. 구원의 서정

앞에서 예수님의 십자가 사건과 부활에 대한 내용을 보았다면, 이번에는 십자가 사건으로 말미암은 모든 복이 우리 삶에 실제가 되도록 적용하는 성령 하나님의 사역, 구원의 서정에 대해서 살펴볼 것이다.

[성령 하나님의 사역]
- **소명**(부르심): 복음 전도를 통해 예수님을 믿게 하심.
- **중생**(거듭남): 성령의 내주하심으로 우리의 성향을 바꾸심.
- **회심**(회개와 믿음): 죄를 회개하고 예수님을 믿도록 하심.
- **그리스도와 연합**: 그리스도와 하나가 되게 하심.
- **칭의**: 의롭다고 선언하심.
- **양자 됨**: 하나님의 자녀로 입양하심.
- **성화**: 전인적으로 예수님을 닮아 가게 하심.
- **견인**: 죽는 순간까지 믿음을 지키게 하심.
- **영화**: 죽는 순간에 먼저 영혼이, 예수님이 재림하는 순간에 육체가 부활하여 영광스럽게 변화되게 하심.

1) 소명(부르심)

소명은 하나님께서 우리 인간을 향한 구원으로의 부르심을 말한다. 부르심은 '복음 전도를 통해 예수님을 믿도록 하는 것'으로 내적 부르심과 외적 부르심이 있다. 내적 부르심은 내 안에서 예수 그리스도를 향한 믿음이 시작되는 순간이다. 이는 해석하기에 따라 다를 수 있으나, 기본적으로는 그리스도를 향한 믿음의 시작 또는 그리스도를 향해 마음을 여는 것을 의미한다.

외적 부르심은 쉽게 말해서 전도다. 많은 사람을 통해서 예수 그리스도가 구원자이시자 진리요, 소망임이 선포되는 것이 외적 부르심이다. 외적 부르심에는 반응할 수도 있고, 반응하지 않을 수도 있다. 그러나 내적 부르심은 반드시 반응하게 되어 있다. 왜냐하면, 하나님께서 예정하신 자들을 성령 하나님께서 반응하도록 인도하시기 때문이다.

정리하자면 부르심 앞에서 인간은 세 부류로 나뉠 수 있다. 하나는 외적 부르심에 반응하지 않는 부류, 다른 하나는 외적 부르심에는 반응했으나 내적 부르심은 실제가 되지 않아 무늬만 그리스도인인 부류, 끝으로 마지막 한 부류는 내적 부르심이 실제가 되어 믿음의 삶을 시작하는 자로 구분할 수 있다.

2) 거듭남(중생)/회심(회개와 믿음)

거듭남은 내적 부르심과 함께 나타나는 마음의 변화를 말한다. 사실 거듭남이야말로 그리스도인들에게 있어서 매우 중요한 것 중의 하나이자 반드시 경험해야 하는 과정이다. 필자는 거듭남 안에 회심(회개와 믿음)을 포함해서 설명하고자 한다.

(1) 거듭남은 무엇인가?

거듭남의 핵심은 의미 그대로 '다시 태어나는 것'이자 '위로부터 태어나는 것'을 의미한다. 이는 전적으로 성령 하나님의 역사하심으로 인해 가능한 것으로, 거듭난 자는 옛 자아가 죽고 새 생명으로 살아간다.

거듭난 자는 "보라 새것이 되었도다"라는 말씀에 적합한 자다. 그래서 거듭난 자는 이전에 자기 자신을 사랑하고, 세상을 사랑하고 살았던 삶을 돌이켜 하나님께로 나아간다. 거듭난 자는 회심, 곧 마음을 돌이켜 살아간다.

회심 안에는 회개와 믿음이 포함되는데, 이전에 지었던 죄와 내가 내 인생의 주인이 되어 살았던 삶을 회개하고, 이제는 믿음으로, 즉 내 삶의 주인이 예수님이라는 고백과 함께 예수님을 위해 살아간다.

거듭난 자는 인생의 주인이 바뀌었다. 자신이 주인이었던 삶에서 이제는 하나님이 인생의 주인이 되는 삶으로 변했다.

예수님의 주 되심!

이것이 결정적인 변화 중 하나이다. 그리고 이때에서야 비로소 진정한 믿음이라고 부를 수 있다.

믿는다는 것이 무엇인가?

나보다 주님을 더 신뢰하고, 주님을 따르고, 주님의 뜻을 내 뜻보다 더 중요하게 여기는 것이다. 즉, 믿는다는 것은 '주인이 바뀌었다'는 것을 의미한다. 그리고 이렇게 거듭나서 믿음이 생긴 자만이 진정한 그리스도인이라고 부를 수 있다.

앞서 말한 대로 외적 부르심에만 응답한 자는 단순히 하나님을 아는 지식에 그치는 반면, 내적 부르심이 실제가 되어 거듭난 자는 하나님을 믿고 따른다. 이것이 결정적인 차이다.

거듭난 자는 자기 삶의 방향을 전환했기 때문에 이전처럼 죄짓는 것을 좋아하거나 추구하지 않는다. 죄를 미워하고, 죄를 멀리하려는 성향을 보인다. 또한, 하나님의 계명, 법도를 지키고자 하는 마음을 갖는다. 이것은 죄를 짓지 않는다는 것이 아니라 죄에 대한 태도에 대한 부분이다.

오늘날 많은 교인 중에서도 거듭나지 않은 그리스도인들을 본다. 이들은 지적으로는 하나님을 따라야 한다고 생각하고 교회에 나오지만, 마음이 변화되지 않았다. 그래서 여전히 자신의 법대로 살아가고 있으며 하나님의 법 앞에서도 취사선택하며 결국에는 자신이 여전히 삶의 주인 노릇을 하고 있다. 거듭나는 것은 마음의 변화다. 혼의 변화이자, 자아의 변화이자, 삶의 주인의 변화다.

(2) 어떻게 거듭날 수 있는가?

거듭나는 것은 내가 할 수 있는 것이 아니다. 성령님께서 하시는 것이다. 지금 우리는 구원의 적용을 성령 하나님께서 하신다는 전제하에 거듭남에 대해서 말하고 있다.

성경에서는 뭐라고 하고 있는가?

> 예수께서 대답하시되 진실로 진실로 네게 이르노니 사람이 물과 성령으로 나지 아니하면 하나님의 나라에 들어갈 수 없느니라 육으로 난 것은 육이요 영으로 난 것은 영이니 내가 네게 거듭나야 하겠다 하는 말을 놀랍게 여기지 말라 바람이 임의로 불매 네가 그 소리는 들어도 어디서 와서 어디로 가는지 알지 못하나니 성령으로 난 사람도 다 그러하니라(요 3:5, 7-8).

성경은 분명히 말하고 있다. 물과 성령으로 거듭난다고. 그러나 성령은 바람처럼 어디에서 와서 어디로 가는지 모르기에 그 때와 시는 알 수 없다.

그렇다면 성령님께서 역사하실 때까지 그냥 가만히 기다리고 있으면 된다는 것인가?

아니다. 성령님은 항상 사람을 통해서 일하신다. 하나님은 사람이라는 영적이면서도 육적인 존재를 통해서 일하신다는 사실을 안다면 우리는 성령님이 어떻게 역사하실지를 대략 유추할 수 있다. 바로 사람이 하나님의 일을 하는 곳에 있으면 성령님의 일하심에 우리가 노출된다는 것이다.

그리고 그런 곳이 바로 예배의 자리이고 기도의 자리이다. 즉, 성령님이 목회자든 선교사든 어떤 성령의 사람을 통해서 성령 하나님의 일을 하시고, 그 일하시는 자리에 있을 때 거듭남의 체험을 할 수 있다는 것이다. 그래서 믿지 않는 자들, 또는 외적 부르심에는 반응했으나 여전히 거듭나지 않은 자들이 가야 할 곳은 예배의 자리이다.

한 가지를 더 이야기하자면 물과 성령으로 거듭난다고 할 때 물은 말씀을 의미한다. 앞에서 인간에 대해서 설명할 때, 말은 영에 속한 것이라고 했다. 성경말씀은 영적인 것 중에서도 가장 영적이다.

또한, 말씀은 예수 그리스도를 의미하기도 한다. 예수님께서는 말씀이 육신이 되어 이 땅에 오셨다. 그래서 말씀이신 예수님과 성령 하나님의 역사하심을 통해서 인간은 거듭난다. 그리고 그 모든 것이 있는 자리는 예배의 자리이기에 우리는 예배의 자리에 나아가야 하고 말씀을 통해 거듭날 수 있다.

3) 그리스도와 연합

그리스도와의 연합은 그리스도가 내 안에, 내가 그리스도 안에 거하는 것이다. 즉, 앞에서 말했던 거듭남(중생)과 회심(회개와 믿음)을 통해 마음이 변화되었다면 이제는 그리스도와의 연합을 통해서 새 생명을 얻게 되는 것이다. 그리스도께서 갖고 계셨던 영원한 생명이 나에게 전가되는 것이고, 이 땅에 살아가는 동안 계속해서 영적 생명을 공급받고 살아간다.

앞에서도 말했지만, 합일과 연합은 다르다. 합일이 두 존재의 자아 중 한 존재의 자아만 작동한다면, 연합은 두 존재의 자아가 모두 유지된 상태로 하나가 되는 것이다. 그리스도께서는 인격적이시기에 우리 안에 거하나 우리의 자아를 존중해 주신다.

그리고 이는 성령님을 통해서 가능한데, 이렇게 성령님을 통한 그리스도와의 연합을 통해서 우리는 영적 생명을 공급받을 뿐만 아니라 그리스도에게 속한 자가 된다. 대표성의 원리에 의해 아담의 범죄가 모든 인류에게 미쳤다면, 이제는 그리스도가 우리의 대표이기에 예수님이 하신 모든 순종과 죽으심 그리고 부활하심이 우리에게 전가되어 우리 또한 예수님과 같은 운명공동체가 되었다.

이처럼 그리스도와의 연합은 택함 받은 자가 그리스도와 연합되어 예수님께 속한 자이자 예수님의 생명을 취하게 된 것이다.

4) 칭의와 양자 됨

(1) 칭의란 무엇인가?

칭의는 우리에게 의롭다고 말씀하시는 것을 의미한다. 이 의미 또한 매우 중요한 것이다. 많은 그리스도인이 이 칭의의 개념이 없어서 신앙생활 속에서 헤매는 것을 보게 된다. 칭의는 의로워서 의롭다고 하시는 것이 아니라 의롭다고 여겨 주시는 선언이다. 여기서 질문이 있다.

거듭난 자는 죄를 지을까, 짓지 않을까?
마음이 변했고 이제는 새롭게 거듭난 피조물이라면 죄를 짓지 않아야 하지 않는가?
그리고 하나님의 법도를 잘 이행해야 하지 않는가?

그런데 그렇지 않다. 앞에서도 설명했듯이 인간이라는 존재는 설령 거듭나서 영과 혼이 살아났다 할지라도 태어날 때부터 갖고 태어난 이 육체와 육체 안에 거하는 죄의 습성을 가진 육신(정욕)이 있기 때문에 여전히 죄를 짓는다.

내가 하나님을 사랑함에도 여전히 죄를 짓는 모습으로 인해서 많은 사람이 자기가 구원받은 자인지 의심하고, 나아가서는 자기가 진정으로 예수님을 믿는 것이 맞는지 의심하는 것을 볼 수 있다.

당신은 거듭남을 경험했는가?

내 마음이 세상과 나 자신만을 사랑하던 마음에서 돌이켜 회개하고 하나님을 사랑하고 내 삶의 주인이 하나님이 되었는가?

그렇다면 당신은 구원받았고 예수님을 믿는 것이 맞다. 하지만, 당신은 여전히 죄인이다. 실제로는 여전히 죄인이지만, 당신이 예수 그리스도의 십자가 사건을 믿고 거듭나게 되었을 때 하나님께서는 당신을 의인으로 여겨 주시는 것이다. 법정적 의인인 것이다.

당신은 거듭났더라도 실질적으로는 죄인이기에 여전히 육신이 갖고 있는 죄의 습성과 죄의 유혹, 사탄의 속임이라는 상황 속에서 죄를 짓고 넘어질 수 있다.

그러나 예수 그리스도 안에 거하면서 짓는 죄는 당신이 구원받았는지 아닌지의 여부와는 관계가 없다. 당신은 죄를 미워하고 멀리하기를 원하지만, 여전히 육체를 입고 있음으로 말미암아 유혹으로 짓는 죄이기에 거듭난 이후 짓는 죄는 당신의 구원에는 결코 영향을 미치지 못한다.

당신이 거듭나면서 예수님을 따르는 믿음, 주인이 바뀌는 믿음을 갖게 된 순간 당신은 하나님으로부터 의롭다고 여겨진 것이 되었다. 이것이 칭의다. 실제로는 여전히 죄를 짓는 연약한 존재지만 법적으로 당신은 의로운 존재이다.

문제는 당신 자신을 의롭다고 여기시는 하나님의 칭의를 당신 스스로 적용하지 못하는 것이다. 그래서 칭의에 있어서는 당신의 믿음을 써야 한다. 말씀을 말씀 그대로 믿는 믿음이 필요하다. 물론, 이 또한 성령 하나님께서 하시는 일이지만, 믿어지지 않는다고 가만히 있을 것이 아니라 말씀이 나에게 적용되고 실제가 될 수 있도록 힘써야 한다.

이 칭의의 개념이 실제가 되어야 양자 됨도 실제가 된다. 그래서 필자는 거듭남(중생)을 '따르는 믿음'이라고 표현하고, 칭의를 '자녀의 믿음'이라고 부른다.

자녀는 어떠한가?

설령 내가 부모님께 실수하고 잘못한다고 할지라도 부모가 결코 나를 버리지 않는다는 믿음이 있다. 그리고 부모님이 나의 실수를 덮어 주시고, 나를 혼내더라도 결코 내팽겨치지 않을 것을 알고 믿는다. 그렇기에 자녀는 부모의 그늘 아래에서 부모를 향한 신뢰와 믿음 속에서 살아간다.

따라서 칭의, 곧 의롭다고 여겨지는 것은, 곧 우리가 죄를 짓고 잘못과 실수를 하더라도 나의 하나님은 나를 버리지 않으시고, 나의 아버지 되심을 신뢰하며 살아갈 수 있도록 하는 매우 중요한 교리이다.

지금까지의 내용을 대략 정리하자면, 거듭남(중생)을 통해 우리는 마음의 변화를 받았다. 그리스도와의 연합을 통해 우리는 새 생명을 얻었다. 칭의를 통해 우리는 하나님께로부터 법적으로 의롭다 여김을 받았다. 양자 됨을 통해 우리는 하나님과의 관계에서 자녀의 권세를 갖게 되었다.

즉, 하나님을 대적하던 자에서 하나님을 사랑하는 자로, 죽을 수밖에 없었던 자에서 영생하는 자로, 죄인이었던 자에서 의인으로, 부모가 없는 자에서 입양된 양자로 살게 되었다.

(2) 어떻게 칭의가 실제가 되는가?

> 만일 우리가 그의 죽으심과 같은 모양으로 연합한 자가 되었으면 또한 그의 부활과 같은 모양으로 연합한 자도 되리라 우리가 알거니와 우리의 옛 사람이 예수와 함께 십자가에 못 박힌 것은 죄의 몸이 죽어 다시는 우리가 죄에게 종 노릇하지 아니하려 함이니 이는 죽은 자가 죄에서 벗어나 의롭다 하심을 얻었음이라 만일 우리가 그리스도와 함께 죽었으면 또한 그와 함께 살 줄을 믿노니 이는 그리스도께서 죽은 자 가운데서 살아나셨으매 다시 죽지 아니하시고 사망이 다시 그를 주장하지 못할 줄을 앎이로라 그가 죽으심은 죄에 대하여 단번에 죽으심이요 그가 살아 계심은 하나님께 대하여 살아 계심이니 이와 같이 너희도 너희 자신을 죄에 대하여는 죽은 자요 그리스도 예수 안에서 하나님께 대하여는 살아 있는 자로 여길지어다(롬 6:5-11).

성경에서 말씀하고 있다. 로마서 6장 7절에 "의롭다 하심을 얻었음이라." 그리고 11절에 "죄에 대하여는 죽은 자요 그리스도 예수 안에서 하나님께 대하여는 살아 있는 자로 여길지어다." 이미 당신은 의롭다 여김을 받았다. 예수님께서 십자가 위에서 모든 것을 이루셨을 때 이미 얻었다.

거듭남으로 인해 당신 마음의 변화가 실제가 되었다면 이제는 하나님으로부터 온 용서와 의인으로 여기신다는 말씀을 믿음으로 취해야 한다.

이 칭의가 분명하지 않을 경우 당신은 거듭난 자로서의 삶을 살면서도 여전히 죄와 사망, 사탄의 유혹이 올 때마다 당신 존재에 대한 의심과 구원에 대한 확신이 무너지는 경험을 하게 될 것이다. 믿어지지 않는다면 계속해서 말씀 앞에 나아가야 한다. 그리고 이렇게 기도해야 한다.

"하나님의 말씀이 믿어지게 해 주시고 칭의, 의롭다 하시고 자녀 삼아 주셨음을 믿을 수 있는 믿음을 주세요!"

말씀이 진리다!

당신이 느끼는 것보다 말씀이 더 크다.

5) 성화

(1) 성화란 무엇인가?

성화는 예수님을 닮아 가는 것을 말한다. 성화는 당신이 거듭난 이후부터 시작된다. 성화는 예수님을 닮아 가는 것이자 동시에 성령의 열매를 맺는 삶이다. 사랑, 희락, 화평, 오래 참음, 자비, 양선, 충성, 온유, 절제라는 9가지 성령의 열매를 맺는 삶이다.

그리스도인에게 나타나는 진짜 능력은 기적과 이적도 포함되겠지만, 성령의 열매가 나타나는 것이다. 이것은 인격의 성장이자, 성품의 성장이다.

앞에서 말했던 부르심, 거듭남(중생), 그리스도와 연합, 칭의, 양자 됨은 모두 하나님께서 주권적으로 하시는 일이다. 그러나 성화는 하나님의 역사하심과 함께 우리의 순종이 동반한다. 이는 칭의와 성화의 비교를 통해서도 알 수 있다.

[칭의와 성화의 비교]

	칭의	성화
변화	법적 신분의 변화	실제적인 상태의 변화
시간	한순간에 일어남	지속적으로 일어남
주체	하나님의 전적인 주권에 의함	하나님의 주권과 사람의 순종
상태	처음부터 완전함	완전을 향해 나아감
차이	모든 신자에게 동일함	신자마다 차이가 있음

성화는 또한 성령 충만함이라는 결과로 나아간다. 성령이 충만하다는 것은 성령님께서 나를 통치하시는 상태로, 영의 힘이 강한 상태를 말한다. 그래서 성령에 의해서 성령께서 원하시는 것을 민감하게 분별하며 행할 수 있는 상태다. 또한, 성령의 9가지 열매를 맺을 수 있는 상태이기도 하다.

앞에서도 말했지만, 그리스도인이 거듭나고 칭의가 실제가 되어도 여전히 죄를 짓는다. 구원받은 그리스도인이 죄를 짓지 않는 방법은 성령의 충만함으로만 가능하다. 성령님께서 나를 다스리시고 통치하실 때, 나의 혼이 육을 좇기보다 성령을 쫓을 때 죄를 멀리하고 미워하고 이겨 내게 된다.

그래서 성화와 성령 충만은 매우 밀접한 관계를 갖고 있다. 예수님을 닮아 가는 것은 곧 성령님께서 나를 다스리시며 통치하시고, 인도하시는 상황 속에 더 많이 노출될수록 닮아 가게 된다. 성령 충만이 지속되면 지속될수록 예수님을 더 닮아

가게 되는 것이다.

(2) 어떻게 하면 성령 충만할 수 있는가?

가장 중요한 것은 순종이다.

순종이 무엇인가?

나의 생각과 마음을 꺾고 하나님의 뜻에 내 마음을 순복하는 것이 순종이다. 나의 혼이, 자아가 자신이 원하는 것보다 하나님이 주인이시기에 하나님의 뜻대로 내 삶을 드리는 것이 순종이다. 그래서 순종할 때 성령님은 내 안에서 일하실 수 있고, 이것을 성령 충만이라고 표현한다.

순종하면 성령 충만해지는가, 아니면 성령 충만할 때 순종할 수 있는가?

당연히 성령 충만할 때는 순종이 아니라 인도하심을 따라가는 삶이다. 진정한 순종은 나의 생각과 마음을 꺾고 하나님의 뜻을 선택하는 것이다. 그래서 나의 자아, 혼이 하나님을 선택할 때 성령 충만해진다.

또한, 성령 충만은 기도할 때 가능하다. 우리가 기도할 때는 크게 두 종류의 기도를 한다. 하나는 내가 원하는 것을 구하는 기도와 다른 하나는 하나님의 뜻이 무엇인지 분별하는 기도이다. 아마 오랜 시간 기도한 사람은 한 번쯤 경험해 봤을 것이다.

기도하다 보면 내가 원하는 것을 구하다가 자연스럽게 하나님께서 무엇을 원하시는지 구하게 된다. 그래서 기도는 곧 나의 자아의 힘을 내려놓고 하나님을 다시 한번 내 삶의 주인으로 모시는 행위 중 하나이기도 하다. 그렇기에 기도는 성령 충만으로 나아가는 방법 중 하나라고 볼 수 있다.

끝으로 말씀을 읽을 때 가능하다. 원리는 다 똑같다. 결국 나의 뜻이 아니라 성경에서 말씀하시는 하나님의 뜻을 알고, 나의 생각과 감정을 순복할 때 성령님께서 내 안에서 일하실 수 있다. 성령 충만은 신령하거나 특별한 방법을 통해서 주어지는 것이 아니다.

또한, 성령 충만은 어떤 신령한 형태로 나타나서 예언한다거나 보이지 않는 영적인 세계를 보는 것을 의미하지 않는다. 이런 모양은 특별하게 나타나며 일반적으로는 성령의 열매를 맺으며 인격적으로 예수님을 닮아 가는 모습으로 나타난다.

6) 견인

견인은 택함 받은 자들이 구원을 잃어버리지 않도록 도우시는 것을 말한다.

한 번 구원받은 자는 구원을 잃어버릴 수 있는가?

정답은 '없다'이다.

> 내가 그들에게 영생을 주노니 영원히 멸망하지 아니할 것이요 또 그들을 내 손에서 빼앗을 자가 없느니라(요 10:28).

한 번 받은 구원은 절대로 잃을 수 없다. 왜냐하면, 하나님의 계획 가운데에 예정되어 있었기에 구원은 결코 취소되거나 잃어버리지 못한다. 그렇다면 이런 질문이 생길 수 있을 것 같다.

"예수님을 믿는다고 하면서 신앙생활 잘하다가 교회를 떠나고 예수님을 믿지 않는 자는 어떻게 해석해야 합니까?"

이런 사람은 처음부터 구원받은 자들이 아니다. 뒤에서 말하겠지만, 이들은 외적 부르심에 동의해서 나왔으나 내적 부르심이 없었던 자들이다.

물론, 이런 사람들도 있다. 거듭남으로 말미암아 확실히 구원을 받았으나 교회에서의 삶과 여러 가지 삶의 어려움으로 인해 실족해서 교회를 떠난 사람이다. 이런 사람은 당분간은 교회를 떠나고, 예배를 드리지 않는 삶을 살아갈 수 있다.

그러나 이들은 반드시 돌아오게 되어 있다. 왜냐하면, 이미 마음의 변화가 있고, 예수님이 그의 삶에 실제이기에 부정하려 해도 결코 부정할 수 없기 때문이다.

그래서 참된 신자는 결코 전적으로 타락해서 영생을, 구원을 잃어버리지 않는다. 견인, 곧 성령님께서 이미 예정되었던 구원받은 자들을 끝까지 구원의 길로 인도하시기 때문이다.

7) 영화

영화란 '죽는 순간에 먼저 영혼이 그리고 예수님 재림하는 순간에 육체가 부활하여 영광스럽게 변화되는 것'을 말한다. 우리가 영화를 맞이하는 순간은 부활의 몸을 입는 순간이자 완전한 승리의 날이다.

영화를 맞이할 때 우리는 더 이상 병들거나, 쇠하거나, 늙는 것도, 죽음도 없는 진정한 영생의 삶을 살게 된다. 이는 육체뿐만 아니라 마음도 동일하다. 마음에서 미워하고, 시기하고, 분쟁하고, 슬퍼했던 모든 것이 사라지고 그리스도와 완전히 하나 된 연합 안에서 살아가는 삶이 바로 영화의 삶이다.

영화의 때에 대해서 성경은 이렇게 말하고 있다.

> 그 때에 이리가 어린 양과 함께 살며 표범이 어린 염소와 함께 누우며 송아지와 어린 사자와 살진 짐승이 함께 있어 어린아이에게 끌리며 암소와 곰이 함께 먹으며 그것들의 새끼가 함께 엎드리며 사자가 소처럼 풀을 먹을 것이며 젖 먹는 아이가 독사의 구멍에서 장난하며 젖 뗀 어린아이가 독사의 굴에 손을 넣을 것이라 내 거룩한 산 모든 곳에서 해 됨도 없고 상함도 없을 것이니 이는 물이 바다를 덮음 같이 여호와를 아는 지식이 세상에 충만할 것임이니라(사 11:6-9).

> 내가 들으니 보좌에서 큰 음성이 나서 이르되 보라 하나님의 장막이 사람들과 함께 있으매 하나님이 그들과 함께 계시리니 그들은 하나님의 백성

이 되고 하나님은 친히 그들과 함께 계셔서 모든 눈물을 그 눈에서 닦아 주시니 다시는 사망이 없고 애통하는 것이나 곡하는 것이나 아픈 것이 다시 있지 아니하리니 처음 것들이 다 지나갔음이러라(계 21:3-4).

지금까지 우리는 구원의 서정에 대해서 살펴보았다. 마지막으로 이 모든 내용을 정리하는 차원에서 존 맥아더(John F. MacArthur) 목사님이 쓴 『성경 교리』라는 책에서 구원의 서정에 대해 정리하는 내용으로 마무리하고자 한다.

이 구원의 복 가운데 첫 번째 단계(미리 아심/예정/택하심)는 시간 이전에 이루어진 것으로서 구속의 적용에 선행한다. 두 번째(유효한 부르심/거듭남)부터 다섯 번째(양자 됨)까지의 단계는 모두 한 사람이 그리스도인이 될 때 동시적으로 일어난다.

여섯 번째(성화)와 일곱 번째 단계(견인)는 그리스도인의 나머지 삶 전체에 걸쳐서 일어난다. 끝으로, 여덟 번째(영화) 단계는 구속의 적용 완성 단계로서 그리스도의 재림 때에 일어난다.

7. 나에게 적용하는 구원의 서정

앞에서 구원의 서정을 보았다면 이제는 구원이라는 관점에서 나의 위치는 어디에 있는지 보고자 한다. 물론, 이는 어디까지나 구원의 서정 속에서 내가 어느 방향을 향해 나아가야 하는지에 대해서 알기 위함이지, 자신의 상태를 분석하고 좌절하도록 인도하기 위함이 아니다. 중요한 것은 하나님께서는 결코 포기하지 않으시는 분이시고 지금 이 책을 읽고 있는 당신을 구원하기로 예정하셨다는 것을 믿고 신뢰하기를 바란다.

구원의 서정 전에 우리는 앞에서 인간의 세 가지 상태(타락 전 인간, 타락 후 인간, 구원 후 인간)에 대해서 보았다. 이는 하나님과의 관계 속에서 본 설명이었다면 이번에는 구원 사역 속에서 나의 위치를 알아보기로 하자.

1) 무법한 자(불신자)

첫 번째는 무법한 자다. 이는 자기 뜻대로 사는 자로서 예수님과 전혀 관계가 없고 외적 부르심에도 반응하지 않은 자다. 자기 자신이 삶의 주인이자 법이다. 그래서 자기 생각대로, 자기 마음 가는 대로 살아간다. 나의 이윤을 따라 살아가며 어떤 가치를 좇기보다는 자기의 유익 또는 자기가 추구하는 사상이 가장 중요하다.

물론, 이렇게 예수님을 믿지 않고 관계하지 않는 사람 중에서도 올바른 가치를 추구하는 사람들이 있다. 하지만, 이런 사람들의 가치는 성경적 가치와 비슷할 수는 있어도 성경적 가치와 같지는 않다. 그래서 무법한 자들의 특징은 자기 소견에 옳은 대로 행하는 것이고, 인생의 주인은 자신이다.

이들에게 필요한 것은 '소명'(부르심)이다.

2) 문화적 그리스도인

문화적 그리스도인은 그리스도인이라고 착각하고 사는 무법한 자라고 표현할 수 있다. 문화적으로는 교회 안에서 각종 기독교적 문화에 익숙해 있으나 마음은 거듭나지 않아서 여전히 인생의 주인은 자신이다. 이들은 외적 부르심에는 반응했으나 아직도 내적 부르심이 실제가 되지 않은 자들이다.

그래서 그리스도인이라고 말하지만, 여전히 죄 지향적이고, 예수 그리스도가 누구인가라는 질문에 분명하게 대답하지 못한다. 예수님을 만나 본 적도, 실제가 된 적도 없기 때문이다. 예배를 드릴 때에도 말씀 앞에서 자신을 바라보기보다 평가와 판단이 앞선다. 여전히 자신이 법이기 때문이다.

물론, 이들이 교회에 오게 된 것은 믿는 가정에서 자랐기 때문일 수도 있고, 하나님을 향한 궁금증이나 영혼의 갈급함으로 인한 것일 수도 있다. 그러나 이들은 아직 예수님이 실제가 된 상태는 아니다. 지적으로는 예수님이 누구신지 알고 들었으나 삶의 실제가 되지는 않은 것이다. 이들 중 많은 이는 모태 신앙이다.

이들에게 필요한 것은 내적 '부르심'과 '거듭남'이다.

3) 율법 아래 있는 그리스도인(정죄감에 빠져 있는 그리스도인)

이들은 성령님의 역사하심으로 말미암아 외적/내적 부르심에 반응해서 거듭난 자다. 그렇기 때문에 자신이라는 법을 벗어버리고 하나님의 법 아래에 살아간다. 이들은 마음에 율법조문이 쓰인 자다.

그러나 이들은 이 법조문으로 말미암아 자신을 정죄하고 무너져 있다. 하나님을 사랑하고, 마음에서는 율법을 지키기를 원하나 여전히 법을 어기고 죄를 짓는 자기 자신에 대해서 증오하고 정죄하며 신앙생활에서 기쁨을 느끼지 못하는 상태다.

사실 이런 자들이야말로 진짜 불쌍한 자다. 이 세상에서 가장 불쌍한 상태에 있는 자를 고르라고 한다면 단연 이 율법 아래에 있는 자다. 이들은 세상에 나가서 자기 마음대로도 살지 못하고, 하나님 안에서도 기쁨을 느끼지 못하며 살아간다. 그래서 어느 곳으로도 가지 못하는 불쌍하고 괴로운 상태가 바로 이 율법 아래에 있는 그리스도인이다.

마음에서는 하나님을 원하고 하나님의 나라를 꿈꾸지만, 죄를 짓는 자기 자신에 대한 정죄감 앞에서 어쩔 줄 몰라 하며 세상에도, 하나님 나라에도 속하지 못한 채로 살아간다고 느끼는 자들이 바로 이들이다. 사도 바울이 "오호라 나는 곤고한 사람이로다"(롬 7:24)라고 표현할 때의 상태가 바로 이들의 상태이다.

이들에게 필요한 것은 '칭의'다.

4) 정죄감이 없는 그리스도인

이들은 거듭남도 칭의도 실제가 된 자다. 그래서 마음의 변화로 인해 하나님을 쫓고 섬기고 살아가며, 예수님의 십자가 사건을 믿음으로 말미암아 '이신칭의'(믿음으로서 의롭다 여겨짐)가 실제가 된 자다.

그래서 정죄감에 빠지지 않으며 구원에 대한 확신도 흔들리지 않는다. 그러나 앞에서도 말했지만, 성령 충만하지 않으면 우리 인간은 여전히 육체를 가진 존재로서 육신의 정욕과 죄와 사탄의 유혹에 넘어질 수 있는 존재다. 이들은 여전히 죄의 유혹을 받을 때 죄에 넘어질 수 있는 자다.

그러나 이들은 죄의 유혹에 의해서 넘어진다고 해서 넘어진 상태로 좌절하며 자신을 정죄하지 않고 벌떡 일어난다. 의롭다고 여겨 주신 예수님의 말씀을 믿기 때문이다. 그리고 다시 하나님을 섬기기 위해 자신의 방향을 정조준해서 달려가려고 힘쓴다. 죄와 치열하게 싸우는 중이지만, 이들은 죄의 유혹에 무너질 때가 많다.

이들에게 필요한 것은 바로 '성령 충만'이다.

5) 죄를 이기는 그리스도인

성령 충만한 자는 어떻게 된다고 했는가?

죄의 유혹을 이겨 낼 수 있다. 성령님의 인도하심을 따라 하나님께서 원하시는 방향을 향해 나아간다. 성령님께 마음과 자아를 맡겼기에 이들은 성령님께서 미워하시는 죄를 이들 또한 미워한다. 그래서 죄의 유혹에 쉽게 넘어지지 않는다.

이들은 죄와 싸우는 것을 넘어서 죄에서 승리하는 자들이다. 죄가 유혹하더라도 그 유혹을 이겨 낼 수 있는 자들이 성령 충만한 그리스도인이다. 그래서 이들은 하나님의 통로로써 쓰임 받기에 적합하다.

물론, 하나님은 어느 사람이든 사용할 수 있으나 하나님께서 충만하게 역사하셔서 사용하기에 적합한 사람은 바로 성령 충만한 사람이다. 그래서 우리에게 성령 충만은 매우 중요한 것이다.

하나님을 사랑하는 사람은 모두가 다 하나님께 쓰임 받고 싶다는 마음이 있을 것이다. 이런 자들이 크게 쓰임 받기 위해서는 나의 자아도 하나님을 주인으로 모시면서 동시에 성령님이 나를 통해 일하실 수 있도록 나를 비울 수 있어야 한다.

[구원 사역 속에서 본 신앙의 상태]

	외적 부르심	내적 부르심	중생 (거듭남)	칭의	성령 충만
무법한 자 (불신자)	×	×	×	×	×
문화적 그리스도인	○	×	×	×	×
율법 아래 있는 그리스도인	○	○	○	×	×
정죄감이 없는 그리스도인	○	○	○	○	×
죄를 이기는 그리스도인	○	○	○	○	○

어떤 이들은 필자의 구분에 대해서 반론을 제기할 수 있다. 앞에서 존 맥아더 목사님도 다음과 같이 말했다.

> 두 번째(유효한 부르심/거듭남)부터 다섯 번째(양자 됨)까지의 단계는 모두 한 사람이 그리스도인이 될 때 동시적으로 일어난다.

그렇다. 동시적으로 일어난다. 분명 하나님께서는 우리에게 동시적으로 이 모든 일을 단번에 일으키신다.

그러나 이 사건이 우리의 입장에서 실제가 되는 것은 누군가에게는 단번에 되기도 하나 또 다른 누군가에게는 하나씩 실제가 되기도 한다. 이는 필자의 경험뿐만 아니라 실제로 필자가 주변에서 섬겼던 수많은 청년을 보면서도 느꼈다.

특히, 많은 청년이 '칭의' 개념이 실제가 되지 않아서 다음과 같은 질문을 한다.

"내가 예수님을 믿는 게 맞는가?"

"나는 구원받은 게 맞는가?"

필자는 이렇게 신앙생활 속에서 혼란스러워하는 청년들을 돕고자 '구원 사역 속에서 본 신앙 상태'를 구분해 보았다. 어떤 신학적 토론을 하기보다는 한 영혼이 구원받고 구원의 서정 속에서 자신이 어디에 있나 분별하고, 이를 통해 나아갈 방향을 찾도록 하기 위해서라고 바라봐 주었으면 좋겠다.

8. 거듭남과 칭의, 구원받는 시기와 신앙고백의 시기

앞에서 우리는 구원의 서정 전반에 대해서 알아보았다. 그런데 여기서 한 가지 더 짚고 넘어가야 할 것이 있다.

구원의 서정에서 어느 단계에 구원받았다고 말할 수 있는가?
내적 부르심에 응답하는 순간인가?
거듭남과 칭의가 모두 실제가 되었을 때인가?

존 파이퍼 목사님을 비롯해 많은 신학자는 거듭남이 실제가 되는 순간이 바로 구원받는 시기라고 말한다.

실제로 거듭남과 회심(회개와 믿음)이 동시에 일어나기에 필자 또한 이 해석이 맞다고 본다. 거듭나는 순간에 마음이 변화하고, 죄를 고백하고, 회심해서 삶의 방향을 돌이켜 인생의 주인을 예수님으로 고백하기에 구원받는 시기는 거듭남을 경험하는 시기라고 볼 수 있다.

그렇다면 신앙고백은 언제 실제가 되는가?
거듭날 때 신앙고백이 실제가 되는가?
필자는 '칭의'가 실제가 될 때라고 본다.
신앙고백이란 무엇인가?
예수 그리스도가 나에게 있어서 어떤 존재인지에 대한 고백이 바로 신앙고백이다. 그렇기에 신앙고백은 반드시 예수님이 나에게 하신 십자가 사건이 실제가 될 때 가능하다.

칭의란 무엇인가?

예수님의 십자가 사건이 실제가 되어서 내가 의롭다고 여김 받는 것이다. 문제는 이것이 실제가 되고 믿어져야 한다. 그럴 때 칭의로 말미암아 더 이상 신앙이 흔들리지 않는다.

우리는 거듭남을 통해서 내 마음의 변화만 경험해서는 안 된다. 여전히 칭의가 실제가 되지 않으면 나는 여전히 하나님과의 관계가 회복되지 않은 것처럼 느낀다. 나는 하나님을 사랑하나 여전히 하나님은 나를 용서하지 않으신 것처럼 느끼고, 하나님을 두려운 존재로 여긴다.

따라서 칭의가 실제가 될 때, 하나님께서 나를 의롭게 여기시는 것이 실제가 될 때, 그때에서야 하나님을 향한 신앙고백은 실제가 된다고 볼 수 있다.

9. 예수님을 만나는 것, 예수님이 실제가 된다는 것은?

그렇다면 예수님을 만난다는 것, 예수님이 실제가 된다는 것은 무엇인가?

결국, 거듭남과 칭의라는 두 개념이 내 삶에 실제가 되는 것을 의미한다. 당신은 반드시 이 거듭남과 칭의가 실제가 되어야 한다. 이것이 실제가 될 때 예수님께서 이천 년 전에 하신 과거적 구원의 십자가 사건이 성령 하나님을 통해 현재적 구원으로서 내 삶에 적용되는 것이다.

교회 안에서는 오늘도 복음이 선포되고, 구원의 진리가 선포되고 있다. 그럼에도 여전히 정리되지 않은 신앙으로 인해서 고통받고 괴로워하는 청년들이 있다. 그들에게는 예수님이 필요하다. 더 정확하게는 성령님의 역사하심과 십자가 사건의 거듭남과 칭의라는 과정을 통해 실제가 되는 경험이 필요하다.

그리고 나아가 구원받았음에도 죄를 짓고 살아가는 인간에 대한 이해가 필요하고, 성령 충만이 얼마나 중요한 것인지 깨닫는 지혜가 필요하다. 이 모든 과정을 이해하고 이것이 실제가 될 때 우리는 진정 복음으로 말미암아 자유함을 경험할 수 있을 것이다. 이것이 바로 복음이다!

10. 나의 구원의 서정

짧게 필자의 구원의 서정에 대해서 나누고자 한다. 정말 감사하게도(?) 필자의 구원 서정을 보면 앞에서 말한 서정의 모양과 동일한 모습을 보인다.

필자는(이하 '나') 스물네 살까지 불신자로서 살았다. 불교 신자였던 어머니를 따라 어릴 적부터 절에 가서 절을 하는 것이 공덕을 쌓기 위한 중요한 것이라고 배우며 자랐다. 그러나 스물네 살 여름, 인생의 공허가 찾아왔다. 당시 나는 1년 동안 책을 300권 넘게 읽으며 세상의 성공을 향해 달려가고 있었지만, 미래는 보이지 않았다.

"도대체 무엇을 하면서 어떻게 살아야 하는가?"

나는 이 질문 앞에서 어찌할 바를 몰랐다. 인생의 앞날이 막막했고, 두려웠고, 답답했다. 희망이 전혀 보이지 않았다.

그러던 어느 날, 친구의 입원 소식을 듣고 병문안을 갔는데 마침 그 병원은 기독교 병원이었고, 친구는 크리스천이었다. 이런저런 대화를 하다가 병원 로비에 적혀 있는 성경 구절이 갑자기 나의 눈에 들어왔다. 그래서 나는 친구에게 물었다.

"○○야, 하나님께서 인간에게 요구하시는 게 뭘까?"
"서로 사랑하라."

이 답변을 듣는 순간 나는 직감적으로 무언가 있다는 생각이 들었다. 병문안을 마친 후 나는 곧바로 도서관을 갔다. 그러고는 책 한 권을 꺼냈다. 책의 제목은 『그 청년 바보 의사』였다. 이 책의 주인공은 안수현이라는 의사였다.

책을 빌려서 카페에 가서 읽기 시작했다. 5페이지, 10페이지 …, 페이지가 한 장씩 넘어가면서 어느 순간부터 갑자기 눈물이 흘러내리기 시작했다. 왜냐하면, 안수현이라는 의사가 환자들을 향해서 보여 주었던 사랑 때문이었다.

그 사랑은 인간이라면 결코 할 수 없는 사랑처럼 보였다. 그의 희생과 헌신은 정말이지 인간의 한계를 넘어선 사랑이었고, 분명 어떤 다른 존재로부터 받은 능력을 통해서 보여 준 사랑처럼 보였다. 그때 나는 깨달았다.

'아, 하나님이 살아 계시는구나!'

그리고 이때가 바로 나에게는 외적 부르심이 실제가 된 순간이었다.

이후 교회에 첫발을 내디뎠다. 그러나 교회에 적응하기는 쉽지 않았다. 나는 한 달에 한 번 정도 교회에 나가는 무늬만 그리스도인, 문화적 그리스도인이었다. 그렇게 2년여의 세월을 살았다.

스물여섯 살 여름, 교회를 다니는 한 친구로부터 연락을 받았다.

"여름성경학교에 선생님이 부족한데 도와줄 수 있어? 와서 도와주면 밥도 줘."

당시 나는 대학교 복학생이었고, 용돈이 여의치 않았다. 밥을 준다는 말에 여름성경학교 교사로 참석하였다. 당시 여름성경학교의 주제는 '성령의 9가지 열매'였다. 처음에는 밥 준다는 말에 참석한 여름성경학교였지만, 성경학교가 진행되는 동안 나는 큰 충격을 받았다.

아이들을 위한 프로그램 중 하나로 성령의 9가지 열매와 반대 열매 9가지를 맞춰 붙이는 프로그램이 있었다. 사랑의 반대는 증오, 희락의 반대는 슬픔, 화평의 반대는 불안 등 각각의 열매와 반대 열매를 붙이는 게임이었다.

이 게임을 보면서 나는 정말 큰 충격을 받았다. 이유는 내 마음속을 들여다보니 성령의 9가지 열매는 하나도 없고 반대 열매만 가득한 것을 성령님께서 깨닫게 해 주셨기 때문이다. 당시 나의 마음에는 증오와 분노, 우울과 슬픔 그리고 불안이 가득했으며, 행동은 경솔했고, 무자비했으며, 배신과 무절제한 악한 삶을 살고 있었다.

이런 내 모습을 깨닫게 되자, 나는 도대체 어떻게 해야 할지 몰랐다. 그저 넋을 놓은 채 진행되는 프로그램을 바라보고 있을 수밖에 없었다.

여름성경학교가 끝나가고 설교 시간을 앞두고 있을 때 우리 반 아이 중 한 명이 나에게 와서 이렇게 말했다.

"선생님, 그거 아세요? 이따가 목사님이 나오셔서 기도하면 아이들이 떼굴떼굴 구르고 울면서 기도해요."

나는 이 말을 듣고도 아무런 감흥이 없었다. 얼마 후 목사님께서 강단 위로 올라오셨다. 그러고는 짧은 설교와 함께 기도 인도를 하셨다. 목사님께서 강단에 오르신 후 그 아이의 말은 나에게 실제가 되었다. 나는 내 마음속 가득한 더러운 것들을 보며 하나님 앞에서 펑펑 울었다. 내 인생 전체가 너무 엉망이었고, 하나님 앞에서 죄송하다는 말 말고는 할 수 있는 말이 없었다.

이날 나는 눈물을 쏟으며 내 인생 전체를 걸고 하나님 앞에서 회심(회개와 믿음)했다. 마음의 방향이 세상에서 하나님께로 전환되었다.

이때 나는 하나님께 고백했다.

"하나님, 이제 더 이상 세상 사랑하지 않고 하나님만 사랑하겠습니다."

그렇다. 나는 이때 거듭났다. 이때 다시 태어나는 경험을 했다. 이때 내적 부르심과 함께 거듭난 것이다. 나는 그 자리에서 하나님께 고백했다.

"하나님, 하나님을 알고 싶습니다. 저를, 하나님을 알 수 있는 곳으로 인도해 주세요."

이 기도 이후 하나님께서는 채 두 달도 되지 않아서 나를 한 선교 단체로 인도해 주셨다. 그곳에서 훈련을 받았고, 중동 아랍 지역에 학생 선교사로 나가서 1년 동안 선교 활동을 하기도 했다. 내 인생을 변화시켜 주신 하나님에 대한 감사함으로 하나님을 섬기기 위해 열심을 다했다. 나는 진실로 하나님을 사랑하게 되었다.

그러나 실상을 들여다보면 여전히 죄에 무너지고 정죄감에 빠져서 살아가는 날이 계속되었다. 그렇게 1년, 2년, 3년을 지나 4년째가 되는 해에 나는 괴로워서 더 이상 신앙생활을 할 수가 없었다. 분명 나는 하나님을 사랑하고, 그래서 하나님의 나라가 임하고 하나님의 말씀이 성취되는 것을 바랐지만, 나는 이것을 추구할 수 있는 능력이 없었다.

무엇보다 내 삶은 여전히 죄를 짓고 있으며 율법 아래에서 정죄감에 빠져 살아가면서 괴롭고 슬펐다. 더 이상은 이렇게 살아가는 것이 괴롭고 하나님을 볼 자신이 없었다. 하나님 앞에서도 부끄러웠고, 나 자신이 앞과 뒤가 다른 사람처럼 보여서 괴로웠다. 결국 선택해야 할 때가 왔다. 끝까지 예수님을 따르던지, 아니면 세상으로 나가던지 … 선택해야 했다.

나는 마지막 지푸라기라도 잡는 심정으로 내 인생을 던져서 순회선교단의 복음 학교를 신청했다. 만약, 이곳에서조차 예수님이 실제가 되지 않고, 여전히 신앙생활이 괴롭고 정죄감에 빠져 살아가야 한다면 나는 더 이상 예수님을 믿지 않고 세상에 나가서 살리라 다짐했다. 그러나 하나님께서는 나에게 지푸라기가 아니라 예수님의 손을 잡게 해 주셨다.

복음 학교의 강의가 중반을 달릴 무렵, 나는 로마서를 통해서 칭의가 실제가 되는 것을 경험했다.

> 우리가 알거니와 우리의 옛사람이 예수와 함께 십자가에 못 박힌 것은 죄의 몸이 죽어 다시는 우리가 죄에게 종 노릇하지 아니하려 함이니 이는 죽은 자가 죄에서 벗어나 의롭다 하심을 얻었음이라(롬 6:6-7).

"의롭다 하심을 얻었음이라!"

그러니 이제 너희 자신을 의로운 존재로 여겨라!

예수님께서 십자가 위에서 모든 일을 행하셨고, 그로 말미암아 이제 너희는 그리스도 안에서 의로운 자로 여김 받았는데 왜 아직도 너 자신을 죄인으로 여기고 있느냐?

의인으로 여겨라!

믿어라!

믿음으로 의롭게 되었음을 받아들여라!

이런 선포가 복음 학교에서 울렸다. 당시에는 믿어지지 않았다. 선포될 때까지만 해도 아무리 믿으려고 해도 믿어지지 않아서 너무 답답하고 괴로웠다.

도대체 어떻게 믿을 수 있는가?

믿고 싶은데 왜 믿어지지 않는가?

너무 답답했다. 그날의 강의가 끝난 후에도 나는 혼자서 말씀을 붙잡고 믿기 위해 발버둥을 쳤다. 그러나 결국 믿어지지 않은 채로 나는 잠이 들었다.

다음 날이 되었다. 강의 시간보다 일찍 가서 어제 읽었던 말씀을 다시 보았다. 그런데 놀라운 일이 벌어졌다. 어제는 믿어지지 않아서 답답하기만 했던 그 말씀들이 믿어지는 것이었다. 정말 실제가 되었다.

십자가 위에서 죽으신 예수님의 사건이 나에게도 실제가 되었고, 나를 의롭다고 하신 하나님의 선포가 믿어졌다. 나는 너무 신기하면서도 감사했고 찬양을 부르는 내내, 강의를 듣는 내내 하염없이 눈물이 흘렀다. 너무 감사해서 흐르는 눈물이었다.

나를 의롭다고 여겨 주신 하나님의 사랑에 감사했고, 믿어지지 않던 말씀이 믿어지도록 인도해 주신 성령님께 감사했다. 이렇게 나에게 칭의는 실제가 되었다.

칭의가 실제가 된 후로 나는 기쁨으로 자원하여 선교단체 간사로 헌신했다. 내 안에 구원의 감격과 기쁨이 넘쳐서 어떻게든 하나님께 내 인생을 드리고 싶어서 선교사가 되려고 했다. 하지만, 성령 충만과 성화라는 영역이 또 남아 있었다.

짧은 신앙생활 기간에 복음이 실제가 되는 경험을 했지만, 여전히 예수님을 닮아 가는 성화가 필요했다. 그리고 성령 충만에 대한 개념도 없었다.

또한, 과거에 부모님으로부터 받은 상처와 그로 인한 정서적 불안감이 내가 선교사가 되는 데 장애가 되었다. 예수님을 닮기 위해서는 성화의 과정을 밟아야 했다.

그러나 성화의 과정은 단순히 영적으로 충만한 것뿐만 아니라 나의 과거의 삶을 재해석하는 과정, 나의 정서적인 부분이 하나님 앞에서 다뤄지는 과정, 죄와 상처로 인해 무너진 영역들이 세워지는 과정이 필요했다.

그리고 이 과정에 대략 3~4년 정도의 시간이 소요되었다. 여전히 나는 성화의 길을 걷고 있다. 앞에서 말한 과거의 삶, 연약한 부분, 죄와 부모로부터 받은 상처 등이 다뤄지면서 이전보다 더 예수님을 닮은 그리스도인이자 사역자로 세워지는 과정을 거쳐 왔지만, 지금도 성화의 과정을 걸으면서 날마다 조금씩 예수님을 닮아 가는 삶을 살아가고 있다.

이것이 나의 구원의 서정이다. 당신도 당신의 삶이 이 구원의 서정 어디까지 왔는지 분별하기를 바란다. 나아가서 당신 또한 꼭 예수님이 실제가 되기를 소망한다. 거듭남과 칭의가 실제가 되어 구원받았음이 실제가 되고, 마음과 영혼에서부터 신앙고백이 터져 나오는 진정한 그리스도인으로 살아가기를 간절히 소망하고 축복한다.

에필로그

복음은 모든 믿는 자를 구원하시는 하나님의 능력이다. 복음이야말로 인간이 가지고 있는 모든 문제를 해결할 수 있는 능력이다.

앞에서 다루었던 우울, 공황, 중독, 자존감, 원망과 증오, 시기와 질투, 과거의 삶에 대한 후회, 포기와 좌절, 스트레스, 인간관계에 대한 모든 것을 변화시킬 수 있는 능력은 바로 복음이다.

왜냐하면, 앞에서 다루었던 모든 것은 바로 '죄'로부터 시작되었기 때문이다. 복음만이 죄를 이길 수 있는 능력이다. 죄와 사망의 권세로부터 우리를 해방시킬 수 있는 능력이다.

필자가 아는 한 선교사님이 있다. 이 선교사님은 지체 장애를 가지고 태어난 분으로 걷기도 어려울 뿐만 아니라 말하고 소통을 하는 데에도 어려움이 있는 분이었다.

그런데 과거에는 말할 때마다 침을 흘리고 밥도 혼자서 먹기 어려웠지만, 선교사님에게 찾아오신 예수님을 만나게 되면서 예수님으로 말미암아 점점 나아졌다고 고백했다. 특별히 육체의 회복을 경험했다고 하셨다.

에필로그 153

그래서 다른 사람들과 소통하는 데에 전혀 무리가 없게 되었다. 그뿐만 아니라 굳어 있던 몸과 근육도 회복되면서 일상생활을 하는 데도 큰 어려움이 사라지면서 눈에 보이는 진정한 회복을 경험했다고 고백했다.

선교사님은 자신의 삶에서 복음이 능력이라는 것을 경험했고 이를 주변 사람들에게 간증하고 있다. 선교사님이 복음으로 말미암아 정서적, 육체적으로 회복된 내용을 간증할 때마다 많은 목회자분과 성도님이 하나님 앞에 회개하며 동시에 영광 돌리는 모습을 보았다. 이것이 바로 복음의 능력이다. 복음은 모든 믿는 자를 구원하시고 회복시키시는 하나님의 능력이다.

필자가 이 책을 쓰게 된 이유는 결국 복음이 복음 되기를 바라는 마음에서다. 수많은 MZ세대가 세상 속에서 무너지고 있고, 설령 교회를 다니는 청년 중에서도 여전히 복음이 실제가 되지 않아 혼란스러워하는 이를 많이 보았다. 그들이 이 책을 통해서 복음을 만나 신앙생활이 정리되기를 바라고, 나아가서는 자기가 의지하고 있는 여섯 남편조차도 진정한 남편이 아니라는 것을 깨닫기를 바란다.

김복유 찬양사가 작곡한 찬양 중에 〈나는 사마리아 여인에게 말을 건다〉라는 찬양이 있다.

> 내가 사마리아에 가는 이유는
> 그곳에 울고 있었던 네가 있어서

햇볕이 따갑고 그늘도 없는 낮에
나는 기다렸단다. 네가 내게 오기를
아무도 찾지 않는 한낮에 우물가에
어젯밤 울다 잠든 네가 내게로 온다
아무도 찾지 않는 한낮에 우물가에
이제껏 삶에 지친 네가 내게로 온다
나는 사마리아 여인에게 말을 건다
기쁨에 차 말을 건다
하늘 보좌 내려놓고 그래 여기에 왔다고
넌 내게 다시 이리 재촉한다
그 물을 내게 달라 한다
넌 이미 보았다 그 물이 여기에
바로 내 안에 있어

  예수님께서는 당신에게 영원히 마르지 않는 생명수를 주시기를 원한다. 그리고 이 생명수인 자기 자신을 주시기 위해 지금도 당신에게 찾아가고 계신다. 다만, 당신에게 필요한 것은 진심으로 예수 그리스도의 생명수를 마시는 것이며 다른 것을 생명수로 여기지 말아야 한다.
  당신에게 정말 필요한 물은 예수 그리스도라는 복음의 물뿐이라는 마지막 결론에 도달해야 한다.

부족한 글이지만, 이 책을 통해서 여러분에게 예수님이 실제가 되었기를 바란다. 예수님이 실제가 된 자는 분명 이런 고백을 할 것이다.

> 예수님은 나의 구원자시오, 나의 하나님입니다. 그리고 나는 예수님으로 인해 드디어 죄로부터, 여섯 남편으로부터 자유케 되었습니다. 더 이상 나는 목마르지 않습니다. 나는 구원받았습니다. 할렐루야!

당신에게 이 고백이 실제가 되었기를 소망한다.

부록. 복음과 신앙생활

1. 어노인팅 증후군, 찬양에 중독된 MZ에게

어노인팅 증후군이란 쉽게 말해서 기름 부음, 곧 은혜 받는 자리를 사모하는 것을 넘어서 각종 예배의 자리에 쫓아다니는 증상을 말한다. 이는 말씀을 사모하거나 삶의 변화를 추구하기보다는 찬양의 자리에서 은혜 받기만을 바라는 예배 중독이다.

어노인팅 증후군은 여러 세대에서 나타나지만, 특히 2~30대 청년들 사이에서 더 잘 나타나는 것을 볼 수 있는데, 이는 상대적으로 다른 세대에 비해 현대 예배 문화에 익숙하고 특히 미혼으로, 상대적으로 시간적 여유가 있는 세대이기 때문으로 추측된다.

어노인팅 증후군은 대략 세 가지 특징이 있다.

첫째, 음향이 좋은 찬양의 자리를 찾는 것이다.

물론, 이런 예배 자리가 하나님께 더 집중하고 깊이 만날 수 있는 환경인 것은 사실이다. 그러나 하나님을 만나는 것보다 음향과 찬양이라는 도구에 더 집중하는 모습을 보인다.

둘째, 신령한 것에 집중하는 경향이 있다.

찬양은 기본적으로 하나님을 높이고 영화롭게 하는 것이다. 그런데 이와 같은 모습은 없고, 예배와 찬양 가운데에서 마음에 뜨거움을 느낀다거나 신령한 체험을 추구하는 모습을 보인다.

셋째, 사람과 환경에 예민하게 반응하는 것이다.

하나님을 찬양하기 위해 찾은 자리임에도 불구하고 어떤 찬양 인도자가 인도하는지, 어떤 싱어가 섰는지, 조명은 어떤지, 음향은 어떤지에 따라서 예배드리는 태도가 달라진다는 것이다. 즉, 자기 기준에 합당하면 예배가 드려지고 그렇지 않을 때는 소위 예배가 잘 안 드려지거나 찬양이 잘 안 된다고 말한다.

이처럼 어노인팅 증후군은 하나님을 찬양하는 그리스도인처럼 보이지만, 실제로는 하나님은 없고 오로지 '나'만 있다. 내가 집중할 수 있는 환경과 나의 체험이 중요하고, 나의 기준에 부합할 때에만 예배가 드려진다(?)는 나를 위한 예배가 바로 어노인팅 증후군이다.

그래서 어노인팅 증후군의 핵심은 지금, 현재 나의 상태와 감정이다. 하나님과의 관계, 하나님과의 만남에 초점이 맞춰

져 있는 것이 아니라 내 감정의 충족이 핵심적인 니즈(Needs)라는 것이다.

불과 몇십 년 전까지만 해도 어노인팅 증후군이라는 것은 찾아볼 수도 없었다. 하지만, 예배에 다양한 악기가 사용되면서부터 나타난 현상으로 오늘날의 포스트모더니즘 현상(이성보다 감성을 중시)과 맞물려 나타났다.

우리가 찬양할 때, 하나님을 바라보기보다 나의 만족을 위하고 마치 콘서트장을 찾는 것과 같은 모습을 보인다면 이는 다시 한번 자신을 돌아볼 필요가 있다.

"그렇다면 어노인팅 증후군이면 찬양과 예배의 자리에 가지 말아야 하나요?"

물론, 필자에게 이렇게 질문한다면 "NO"라고 대답할 것이다. 당연히 찬양과 예배의 자리에는 가야 한다. 그러나 그 자리에 가는 이유와 목적, 방향성이 더 중요하다는 것이다. 예배의 자리에서 하나님을 높이고, 하나님을 만나고, 믿음이 자라나고, 내 삶이 예수님을 닮아 가는 변화의 방향으로 나아가는 예배를 드리는 것이 궁극적인 목적이 되어야 한다는 것이다.

우리가 매주 예배드리는 이유가 무엇인가?

나를 구원하신 하나님께 감사와 영광을 돌리고, 나아가서는 그분을 닮아 가는 삶 그리고 그분이 오실 길을 마련하기 위해 헌신하는 삶을 살아가는 것 아닌가?

이와 같이 하나님과의 관계 속에서 분명한 방향성을 갖고 있다면 어노인팅 증후군이라는 찬양 중독이 아니라 예수 중독이라는 진정한 그리스도인의 삶의 모습이 나타날 것이라고 생각한다.

2. 예배는 드리지만, 공동체는 소속되길 원치 않는 MZ에게

요즘 많은 청년이 교회에서 예배는 드리지만, 소그룹 모임에는 참석하지 않는 것을 본다. 실제로 필자가 섬기는 교회에서도 예배가 끝난 후 목장 모임을 할 때 절반가량의 청년이 예배만 드리고 가 버리는 것을 본다.

필자도 신앙생활 초기에는 그러했던 기억이 있다. 모여서 삶을 나누는데 매주 비슷한 이야기, 예컨대 취업 준비가 어렵다는 이야기, 이성 관계가 힘들다는 이야기가 주를 이루다 보니 "내가 시간 아깝게 이 이야기를 왜 듣고 있어야 하지?"라는 생각이 들었다.

알다시피 청년의 때는 무언가를 이룬 시기가 아니라 이루어 가는 시기다. 그렇다 보니 시험 결과가 좋지 않을 때는 부끄러워서 나오지 않기도 하고, 무언가를 준비하는 중에는 집중하고 싶어서 모이지 않기도 하고, 또는 자신이 내세울 것이 없는 상황임을 드러내고 싶지 않아서 등의 여러 가지 이유로 인해 소그룹 모임을 하지 않았던 것을 보았다. 충분히 이해된다.

하지만, 필자는 당신이 공동체에 소속되기를 권면한다. 왜냐하면, 사탄이 제일 싫어하는 것이 교회공동체가 모이는 것이기 때문이다.

> 두세 사람이 내 이름으로 모인 곳에는 나도 그들 중에 있느니라 (마 18:20).

> 서로 돌아보아 사랑과 선행을 격려하며 모이기를 폐하는 어떤 사람들의 습관과 같이 하지 말고 오직 권하여 그 날이 가까움을 볼수록 더욱 그리하자(히 10:24-25).

성도들이 두세 사람 이상 모여서 기도하고, 사랑과 선행을 격려하는 곳에 예수님이 함께하시고 하나님의 나라가 임하기에 사탄은 이를 가장 싫어한다. 대적 마귀가 우는 사자같이 두루 다니며 삼킬 자를 찾지만, 예수님의 이름으로 모인 공동체, 모이기를 힘쓰는 공동체 앞에서는 힘을 발휘하지 못한다.

또한, 필자가 경험했던 것처럼 청년의 때는 결과를 내는 때가 아니라 과정 중에 있는 때다. 그래서 이때야말로 예수님께서 말씀하신 "네 이웃을 네 자신 같이 사랑하라"(마 22:39)는 말씀을 실천하기에 가장 적합한 때이다. 좋은 결과를 내기 위해 발버둥 치는 청년들 사이에서 위로와 격려로 함께하며 진정한 교회의 모습, 그리스도인의 모습으로 살아갈 기회라는 것이다.

사실 우리가 공동체로 모이려고 하지 않는 이유는 분명하다. 결국은 타인보다 나 자신을 더 사랑하기 때문이다. 예수님을 더 사랑한다면 그분이 나보다 더 옳은 분이시기에 내 생각을 버리고 공동체에 소속될 것이다. 예수님을 더 사랑한다면 주변 지체를 위해 내 삶을 아낌없이 내어주고, 그들을 위해 기도하고, 그들의 삶에 깊숙이 개입해서 도와줄 것이다.

따라서 공동체로 모이지 않는 이유는 결국 "내가 더 사랑하는 대상이 나인가? 아니면 예수님인가?"에 대한 본질적인 문제로 귀결된다. 그래서 당신도 결국에는 선택해야 한다.

나를 더 사랑해서 내 마음과 뜻대로, 내 생각대로 선택할 것인가, 아니면 예수님을 더 사랑해서 예수님께서 하신 말씀에 의지해서 그물을 던지는 순종을 할 것인가?

또한, 삶의 좋은 결과도 중요하지만, 예수님이 무엇을 중요하게 생각하시는지 알아야 한다. 우리가 세상에서 좋은 결과를 내는 것보다 주님은 그분을 닮아 가는 우리를 보실 때 가장 기뻐하신다.

우리 삶의 방향이 주님 닮아 가는 방향이 된다면 우리는 결코 공동체를 떠나지 않을 것이다. 오히려 공동체 속에서 서로가 부딪히고 아파하지만, 그럼에도 주님을 닮아 가는 이 영광의 길을 선택할 것이다. 당신의 삶의 방향이 언제나 예수님이 원하시는 곳으로 향하길 축복한다.

3. 교회에서 상처받아 교회를 떠나고 싶은 MZ에게

교회란 무엇인가?

성경은 분명하게 말하고 있다. 교회란 "그리스도의 몸"이라고 말하고 있고, "믿는 자의 무리"라고 말하고 있다. "에클레시아"(ἐκκλησία, ekklēsía)라고 표현하는 교회는 단수가 아니라 복수다.

즉, 교회는 나 한 사람이 아니라 믿는 자들의 모임으로서 머리 되신 예수님을 중심으로 그리스도의 몸이 되어 손, 발, 눈 등 각각의 역할을 하는 공동체다.

필자 또한 과거에는 교회에서 상처를 받거나 또는 은혜가 없다며 불평하는 자들에게 이렇게 권면했었다.

"당신 영혼이 살기 위해서라면 다른 교회를 가서라도 당신부터 살기를 바랍니다."

그러나 지금은 이렇게 말했던 것에 대해서 생각이 바뀌었다. 왜냐하면 이러한 권면은 교회에 대해서 '내가 교회다'라는 정의 아래서 했었던, 공동체주의적인 교회론이 아니라 개인주의적인 교회론에 국한된 권면이었기 때문이다.

> 귀 있는 자는 성령이 교회들에게 하시는 말씀을 들을지어다(계 2:7, 11, 17, 29; 3:6, 13, 22).

하나님께서는 큰 교회든 작은 교회든, 건강한 교회든 부패한 교회든, 성령 충만한 교회든 부족한 교회든 예수 그리스도를 구주로 고백하는 신자가 모인 교회라면 모든 교회를 사랑하신다.

그리고 그 교회를 통해 행하실 계획을 가지고 계시며 결코 하나님께서는 교회를 포기하지 않으신다. 비록 인간의 눈으로는 엉망이고, 부족해 보이고, 많은 문제가 보일 수 있지만, 말씀에 나와 있듯이 교회야말로 음부의 권세를 이길 수 있는 유일한 기관이다.

그래서 어떤 교회도 문을 닫아야 할 이유도, 없어져야 할 이유도 없다. 모든 교회는 다 하나님께서 작정해서 세우셨고, 교회만이 음부의 권세를 이길 수 있다.

필자가 존경하는 A 목사님은 20년이 넘는 목회생활 동안 놀라운 부흥을 경험했다. 하루는 그 목사님이 하나님께 여쭤보았다고 한다.

"하나님, 제가 뭐라고 이렇게 놀라운 은혜로 부흥의 축복을 주셨습니까?"

그러자 하나님께서 이런 마음을 주셨다고 한다.

"네가 교회를 포기하지 않았기 때문이다."

A 목사님은 과거 미국에서 전도사로 목회할 때 교회가 분열되는 경험을 했다고 한다. 교회 안에 여러 가지 문제로 인해 많은 성도가 떠나가고, 부교역자들도 떠나가고, 담임목사마저도 교회 문을 닫고 떠나려고 했다고 한다.

모두가 포기한 그 교회에서 오직 A 목사님과 사모님만 그 교회를 포기하지 않았다고 한다. A 목사님은 당시 담임목사님을 찾아가서 읍소했다.

"제발 교회만은 포기하지 말아 주세요. 절대로 교회 문을 닫아서는 안 됩니다."

그러나 몇 달 후 그 교회 담임목사님께서는 당시 전도사였던 A 목사님에게 담임목회자의 자리를 내어주고 다른 곳으로 가셨다. A목사님은 포기하지 않고 그 교회를 끝까지 지켰다고 한다. 그러자 완전히 무너져서 10여 명 정도만 있던 그 교회는 5년이 지난 후 500명, 10년이 지난 후 1,000명, 15년이 지난 후 2,000명이 넘는 부흥한 교회가 되었다고 한다.

하나님께서 세우시고 통치하시는 교회는 우리가 포기하지 않는다면 반드시 음부의 권세를 이기고, 많은 영혼을 살리며, 세상 속에서 빛을 발하게 된다.

당신은 성도로서 교회에서 상처를 받고 떠나고 싶은가?

그럼에도 필자는 당신이 그 교회에 남기를 바란다. 상처로 인해 떠나기보다 상처를 주는 자마저 감싸 안을 수 있는 성숙한 그리스도인이 되기를 바라고, 부족한 교회를 비난하기보다 오히려 교회를 위해 힘쓰고 기도하는 믿음의 그리스도인이 되기를 바란다.

세상 어떤 교회도 떠나야 할 이유가 없다. 사도행전에 나오는 사울이 바울 되기 전, 그가 교회를 핍박했을 때 예수님께서는 "사울아, 사울아, 네가 어찌하여 교회를 박해하느냐?"라고 하지 않으시고 "네가 어찌하여 나를 박해하느냐?"라고 하셨다.

즉, 예수님께서는 교회를 자기 자신과 같이 보고 계신다는 것이다. 그래서 세상 어떤 교회도 비난의 대상이 되어서도 안 되고, 없어져서도 안 된다. 비록 부족하고 연약할 수 있으나 예수님께서 보시기에 모든 교회는 다 존귀하고 소중하며 교회의 머리 되시는 분이 예수님이시기에 교회는 결코 무너질 수 없고, 오직 교회만이 음부의 권세를 이길 수 있다.

> 또 만물을 그의 발 아래에 복종하게 하시고 그를 만물 위에 교회의 머리로 삼으셨느니라 교회는 그의 몸이니 만물 안에서 만물을 충만하게 하시는 이의 충만함이니라(엡 1:22-23).

참고 문헌

김난도외 10인. 『트렌드 코리아 2024』. 서울: 미래의창, 2023.
안수현. 『그 청년 바보 의사』. 서울: 아름다운 사람들, 2009.
에제키엘. 『MZ세대 사역자가 쓴, MZ세대와 한국교회』. 서울: CLC, 2024.
마이크 즈눙. 『성중독의 굴레에서 벗어나기』. 서울: 웰스프링, 2007.
워치만 니. 『영에 속한 사람』. 서울: 생명의 말씀사, 1972.
제랄드 메이. 『중독과 은혜』. 서울: IVP, 2005.
존 맥아더. 『성경 교리』. 서울: 생명의 말씀사, 2021.
토머스 보스턴. 『인간 본성의 4중 상태』. 서울: 부흥과개혁사, 2015.

함께 읽으면 좋은 CLC 도서안내

1

2022년 한국기독교출판문화상 청소년 국내 우수상

얘들아!
하나님 감성이
뭔지 아니?

김맥 지음
국판변형
252면

2

하나님,
저도 쓰임
받을 수 있나요?

김맥 지음
국판변형
284면

3

차세대
영적 지도자를
일으키라

허천회 지음
사륙판
196면

4

나는
크리스천
청소년이다

김맥 지음
국판변형
192면

5

기독교
청소년
상담자 핸드북

이승재 지음
국판
372면